地域の防犯

犯罪に強い社会をつくるために

竹花 豊 監修
樋村恭一・飯村治子 編集

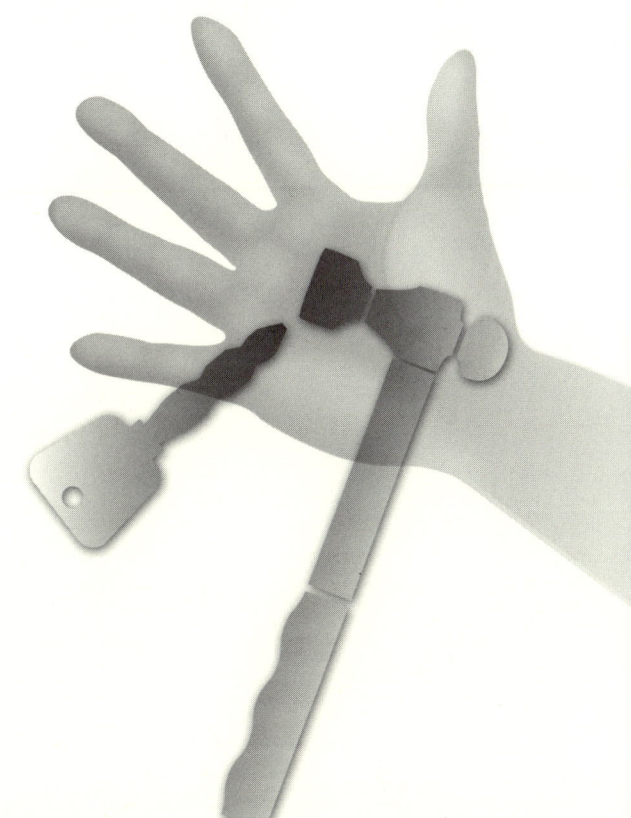

北大路書房

監修の言葉

　「安全神話」という言葉に影がさし始めたのはそんなに古いことではない。各種の世論調査等は，平成10年ごろから治安の悪化に対する国民の不安がしだいに高まってきたことを示し，住民が行政に対して最も力を入れてほしい分野に治安をあげる地方自治体も現れてきた。
　この状況を受けて，まず警察が犯罪抑止を重点課題として取り組み始め，いくつかの自治体がこれに続き，地域住民も自助努力を始めるところが出てきた。私が東京都に治安担当副知事として広島県警察本部長から着任した平成15年6月は，ちょうどそんな時期だった。その後，政府も全閣僚で構成する犯罪対策閣僚会議を設置し，国をあげての取り組みが急速に広がったのである。
　私の当時の認識は，「犯罪抑止は警察だけで実現できるものではない。犯罪は複雑で，加害者も被害者もこの社会で生まれる。そうであれば，担う役割に違いはあれ，社会全体で取り組んでいく必要がある」というものだった。私が期待したのは，地域のボランティアの犯罪抑止活動だった。そして，都内で平成15年末には200にも満たなかった防犯ボランティア団体を翌年中には2,000にしようと途方もない目標を掲げたのだった。本書でその内容を紹介する「東京都安全・安心まちづくりアカデミー」は，ボランティアをリードする都民を，町内会，防犯協会といった既存の組織の中にも，一般の方にもできるだけたくさん増やしたいという都や警視庁，それに東京都防犯協会連合会の思いから平成16年6月に始めたものである。半期に約100名の都民が都内各地から新宿にある都庁に集まり，8〜9回の土曜日を丸1日つぶして，座学や実践活動に取り組んだのである。講師陣もボランティアというこのアカデミーは，一部の区市町村にも同様の動きを生じさせた。
　そして，平成17年末には，防犯ボランティア団体が都内で2,290になったのは感慨深いことだった。さらに，都ばかりではなく，全国的にも同様の動きがあり，その時期に全国で約20,000のボランティア団体が多様な活動を展開するようになったのだ。ことに，青色回転灯を付けた防犯パトロール車が全国

で4,000台以上地域を走り回っていたことに驚愕と感動を禁じ得ない。

　こんな活動が犯罪抑止に大いに役立っていることは想像に難くない。現に，この3年間，犯罪の認知件数は減少し，平成17年中は，平成14年の20.5%減となった。この成果は予想外のものだったと言ってよいが，それをもたらしたものは，ボランティアの広がりを含め，犯罪抑止の社会的戦線が強化されたことにあることに疑問の余地がない。

　そうだとしても，平成17年の犯罪の認知件数は，なお昭和40年代の2倍程度であるばかりか，子どもが凶悪犯罪に巻き込まれる事件が相次ぐなど，依然として，多くの国民が治安に対する不安を拭いきれないままである。

　平成19年を迎えた現在も，治安の回復はわが国の重要課題であり続けていると言ってよい。まだまだこれからだ。早い話がボランティアの数は，全国の小学校の数にも満たないのだから。今の2倍はあってよい，いや，なくては国民の不安を解消することなど思いも寄らないに違いない。

　そんなふうに考えているところに，このアカデミーの小出校長や樋村講師からアカデミーの講義を全国に紹介してみたらどうだろうとお話があった。かねてからそうしたいと思っていたこともあり，一も二もなく，賛成したのである。講義の内容には犯罪捜査にかかわるものもあるのでやむを得ず割愛したものもあるが，それでも本書は現に防犯活動をされている方々にも大いに参考になるものだ。防犯ボランティアの座右の書になることを期待している。

　最後に，本書刊行にご理解をいただいた東京都等関係者に感謝申し上げる。

　平成19年3月
　　　　　　前警察庁生活安全局長（元東京都副知事）　　竹花　豊

はじめに

　犯罪状況の悪化の影響を受け，安全・安心まちづくりをキーワードとして各所でさまざまな取り組みが活発に展開されてきています。これらの活動，政策がどのような効果を生み出しているか明らかになるには，今しばらくの時間が必要です。しかし，地域住民などによる自主的な防犯活動は犯罪抑止の一端を担っていることはいうまでもありません。地域の防犯活動をまちづくりの中に位置づけ，地域住民が主体となり行政や警察と密接に連携をとりながら行なうことは，大変重要であり，また有効です。

　地域住民による防犯活動は，自主的なボランティア活動であるため，だれにも強制されない代わりに，どのように始めたらよいか，どのように継続させるかといった悩みは尽きません。本書は，地域住民のボランティアによる防犯活動を行なうための基礎知識をまとめたものですが，こうした悩みを解決するヒントとなるように，さまざまな分野の専門家によって執筆されています。

　Part 1 は「防犯のための地域活動の役割」として，防犯活動を行なううえでの基本的な考え方を述べています。Part 2 では，「地域防犯活動のための基礎理論」として，各専門家が具体的な実践手法を解説しています。また，Part 3 は「地域安全マップの作製と活用」として，地域安全マップの作製からそのマップの活用方法やマップを用いた活動計画の立て方を説明しています。

　これからの安全・安心は，かつてのように意識しないで存在するものと考えることはできません。本書を通じて，防犯に携わる地域住民の皆さんに，よいまちをつくることは防犯にも効果があるという認識をもっていただければと思います。

　本書の執筆は「東京都安全・安心まちづくりアカデミー」の講師陣です。小出治東京大学教授はじめ講師陣が快く引き受けてくださり出版することができました。

　最後に，監修を引き受けてくださいました前警察庁生活安全局長の竹花豊氏に感謝申し上げます。また，当初の締め切り予定をはるかに超えてしまったの

にもかかわらず辛抱強く編集作業を見守ってくださった北大路書房の奥野浩之氏に感謝申し上げます。本書が地域の防犯活動を行なう多くの方に読まれ，活動のガイドラインとなれば幸いです。

平成19年3月

編者　樋村恭一・飯村治子

Contents

監修の言葉
はじめに

Part1　防犯のための地域活動の役割

1　犯罪に強い社会をつくるために（竹花　豊）……………………………2
　治安回復に向けた東京都の方針　2
　変化の兆しとその要因　3
　地域の力　4
　一部の外国人による組織犯罪に適切に対処する　6
　青少年を犯罪に巻き込ませない　9

2　住民主体の安全・安心まちづくり（小出　治）……………………13
　市民が主体になるということ　13
　防犯活動とは　15

Part 2　地域防犯活動のための基礎理論

1　安全な街は，犯罪機会のない街（小宮信夫）……………………28
　犯罪原因論と犯罪機会論　28
　犯罪機会を減らす3要素　31
　地域安全マップづくりのすすめ　38
　予防に勝る治療なし　42

2 明るいまち，明るい人づくり
　　　──明るい人は明るいまちをつくる（野口京子）……………… 46
　　3つの力と7つの方法　46
　　ボランティアをする人たち　49

3 犯罪被害を防ぐには──犯罪者の視点から（横田賀英子・渡邉和美）……… 60
　　犯罪者による犯行対象の選択プロセス　63
　　子ども対象の犯罪について　67
　　犯罪は，いつ，どこで，どのようにして，発生しているのか　70
　　犯罪被害を防ぐには　74
　　最後に　77

4 ボランティア組織のマネジメント（中竹竜二）……………… 79
　　はじめに　79
　　組織の存在意義　80
　　組織の方向性と役割　84
　　組織の目標設定　88
　　リーダーシップとフォロワーシップ　90
　　リーダーEQ　92
　　情報のマネジメント　97
　　リーダーの判断と決断　98
　　最後に　99

5 マスコミから見た安全・安心まちづくり
　　　──生きた教科書・ご近所の底力（黒川　敬）……………… 102
　　空き巣撲滅に挑戦：杉並区馬橋地区　103
　　マンションのまちで空き巣対策：西葛西　108
　　若い人を仲間にするには　111
　　最良の妙案　112

6 少年非行の実態と対応──若者との接し方（明珍孔二）……………… 113
　　非行少年の実態　114
　　非行防止への取り組み方　120
　　具体的な対応のポイント　123
　　少年環境の実態について　131
　　最後に　133

7 犯罪を防ぐしかけと心がけ（樋村恭一）　………………………… 134
　防犯まちづくり　135
　犯罪の起こりやすい空間を知る　137
　防犯と住環境　143
　防犯環境設計　146
　最後に　150

8 プロの侵入手口と防犯対策（富田俊彦）　………………………… 152
　侵入手口の変化　152
　確かな防犯対策のために　154

Part 3　地域安全マップの作製と活用（飯村治子・樋村恭一・小出　治）
　問題点を知る：地域安全マップの作製　156
　問題点を解決する　172

　索引　178

　執筆者一覧
　監修者・編者紹介

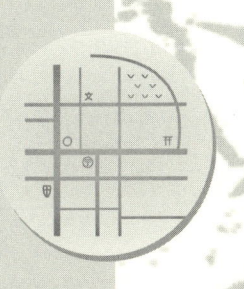

Part 1
防犯のための地域活動の役割

犯罪に強い社会をつくるために

● 竹花　豊
（前警察庁生活安全局長）
東京大学法学部卒業，警察庁入庁後，大分県警察本部長，警視庁生活安全部長，警察庁首席監察官，広島県警察本部長，東京都治安対策担当副知事を経て警察庁へ。主著に『子どもたちを救おう』（幻冬舎）などがある。（詳細は監修者紹介を参照）

治安回復に向けた東京都の方針

　東京都が治安担当副知事（私）を長とする緊急治安対策本部を設けましたのは平成15年8月1日です。私どもは，そこから具体的な対策に取り組み始めたのです。
　最近の日本の治安悪化を招いている要因として考えられるものは，外的要因は，外国人の組織犯罪であり，内的要因，すなわち人のせいばかりにはしていられない要因は，わが国の中から生じてきた病理的な現象でした。
　この病理的な現象というのは，その1つは，動機がよくわからない犯罪が増えてきたことです。たとえば大阪の池田小事件，あるいは東京駅のコンビニの店長さんが殺される事件，浅草で女子大生が突然刺し殺される事件とか，大の大人がいったい何の目的でこんなことをしたのか。それとともに，平成9年の酒鬼薔薇の事件以降，大人ばかりではなくて子どもが，しかも刑事責任も負え

ないような小さな子どもが凶悪事件を引き起こしてきていることです。
　もう1つは，犯罪としては凶悪ではないけれども，万引き，自転車盗など被害者の方々から見ればとんでもない話だというような犯罪が抵抗なく行なわれてきた結果，犯罪が10年前に比べて，平成15年までに1.6倍になるという状況が生じてきました。この状況は，基本的に日本の社会がもっている，犯罪を生み出しやすいような状況が大きくなっているのではないか。逆に言えば，犯罪を抑止する力がうまく機能していないのではないかということです。
　私ども（東京都）は，これら治安悪化の要因に対して，次の3つの柱を立てて，これまで取り組んでまいりました。
　第1は，外的要因，すなわち外国人組織犯罪対策。
　第2は，日本の病理的な現象が特徴的に現れている少年犯罪の抑止。
　第3は，失われつつあるのではないかという地域力，地域の犯罪抑止力の復活をめざして，安全・安心まちづくりを多角的に進めることです。

変化の兆しとその要因

　その結果として，これは警視庁のいろいろな取り組みがあり，また区市町村の大きな取り組みがあり，都民の方々の大きな取り組みがあるわけですが，1年余りたって少し犯罪情勢が変化を遂げつつあります。平成16年の1月から6月までの統計では，東京都内の犯罪が，前年同期に比べて1.6％，わずかですが減少傾向を示し始めました。とりわけ空き巣や忍び込みなどの侵入盗犯，ひったくり，強盗といった，体感治安に大きな影響を与える罪種の犯罪が20〜26％減少してきたという状況があります。
　これらのことに加えて，外国人の組織犯罪者に特有の手口であるピッキングやサムターン回しといったものが，やはり前年同期に比べて半減しています。これは都内の状況ですが，そういう形で，東京都内で一貫して増え続けてきた犯罪の傾向に，少し歯止めがかかったばかりか，少しずつ減少し始めているという状況が見えているというのが現状です。

そうした減少傾向になってきたことの大きな要因は，これまで警察に頼っていた犯罪抑止という課題を，さまざまな方たちが別の形で担うようになってきた。それはすなわち，警察による犯罪抑止から，多様な人たちによる複合的な犯罪抑止に大きな転換があったと私は見ています。これを単一型抑止から複合型抑止への転換と，私は呼んでいます。

　今までは警察に「がんばれ」「ちゃんとやれ」と，国民はこう言ってきたわけです。そこへ犯罪が増えてきて，警察はもうその犯罪に対応するので精いっぱい，110番がかかってきてひいこら言っている，交番にも人はいない。遊んでいるのではないかと思っても，どうもそうでもないらしい。そういう状況の中で，警察だけにはゆだねておけないという認識が多くの方々に広がってきたのだと思います。それをしっかり受け止めたのが石原東京都知事です。知事は，「治安の確保は最大の都民福祉」という言葉を繰り返し言っていますが，そういうメッセージ，警察だけではなく，「都もしっかりやるぞ」「区市町村もやるぞ」「自助共助で皆さんも一緒にやろうではないか」という大きな呼びかけが，このような流れをつくってきたと思います。

　この流れを，これからさらに大きくしていくことができれば，犯罪抑止というものは，われわれがこの取り組みを始めたときには，大変だな，そんなことができるのかと，みんな懐疑的でしたが，ひょっとしたら大きな転換が生じるのではないかという期待を抱かせるような状況になってきているのだと思います。

地域の力

　東京都で一番最初に防犯について取り組み始めたのは世田谷区と杉並区です。ほかの区もいろいろやったのでしょうが，私が間近に見ていたのはこの2つです。杉並区で防犯パトロールの人たちが集まった大会をやりますから来てくださいというので，平成16年4月17日にその大会に行きました。その大会には500人参加する予定と聞いていたのですが，参加者が予想の倍になって1,000

人でした。もう信じられないような状況が生じました。
　その杉並区では，平成15年の犯罪，空き巣の発生件数が前年に比べて30%減りました。今年もまた減らしています。杉並区はすごいです。世田谷区も負けてはいられない。世田谷区も先進的ないろいろな取り組みをやっています。世田谷区もずいぶん犯罪が減っています。
　そういう方たちといろいろ話をする中で感じたのは，彼らの地域に対するプライドです。要は世田谷・杉並というのは，自分たちは東京の中で一番いい住宅街に住んでいると思っているんです。そこが一番泥棒の多いところだというのはどういうことだ，という思いをもたれたのではないかと思います。でも，それはとても大事なことです。やっぱり，まちを愛する気持ちというのはそういうものでしょう。
　困ったのは江戸川区です。おかげで江戸川区がワーストワンになったわけです。江戸川区長は，おれだって一生懸命やってきたんだ，何で成果が上がらないんだと歯がみしていたわけです。私は江戸川区にもずいぶん行きました。江戸川区役所は黒と白のパトカーもどきの新車を3台導入しました。そういう取り組みに，やはり区民の人たちはこたえるわけです。その成果が，今年に入ってから劇的に現われました。空き巣が，この6月までに，平成15年同期の半分になりました。
　そうしてやっておられる方々が，やれば結果が出るじゃないかという思いをもってこられたのです。やっている人たちは，自分たちがやると，泥棒はよそへ行くだろうと。しかしやらなくなると，まだ戻ってくるだろうと思っている。だから継続してやっているわけです。これが，警察一辺倒だった犯罪抑止力の，もう1つの新しい抑止力をつくった中心的なものです。
　このような形で今，東京に，犯罪の抑止力がたくさん生まれてきています。そういう取り組みが，今申し上げたような状況をつくり出したと思います。これが始まるまでは，だれもこんなもので犯罪を減らせるとは思っていませんでした。けれど，「やってみたら減らせるじゃないか」と，そういう思いをもち始めたのです。
　私は，平成15年6月まで広島県警におりました。私がやったのは暴走族や暴力団の対策ばかりではありません。犯罪を減らす運動もやりました。広島県

では条例をつくりました。東京では,「東京都安全・安心まちづくり条例」という名前ですが,広島はもっと過激です,「減らそう犯罪条例」というのです。こんな条例の名前は絶対につけないと知事部局が言っていたのですが,当時,私は県警の本部長でしたから,県民が参加しやすいように,また,意味がはっきりするように,妥協せずに,「減らそう犯罪条例」という名前にしていただきました。そのときに,「3年間で犯罪を3割減らす」という目標をみんなで立てたのです。それを言ったときに,だれも信じませんでした。「いいですね,本部長は,もう1年もすればどこかへご栄転でしょう」と,「3年後,この責任を負うのはわれわれなんだ」と,県警の人たちは泣くわけです。けれども,2年後,22%(3年後,37.7%)減りました。警察がその気になってやればやれるんです。警察もそうですが,県民の方々がひょっとしたらやれるんじゃないかという気になり始めれば一気に変わると,私は確信をもち始めています。

一部の外国人による組織犯罪に適切に対処する

「犯罪に強い社会」とは犯罪を誘発しにくい社会。犯罪を抑止する力のある社会。そして,こうした力というものに陰りが生じてきたときに,これに迅速に対処して,反撃を加えることができる社会。すなわち犯罪の要因や動向に敏感に対応する社会が,犯罪に強い社会である。そういう社会づくりを進めようというのが狙いです。

しかし,犯罪もいろいろあります。外国人の組織犯罪ばかりではありません。万引きもあります,自転車盗もあります,こそ泥もあります,電車の中の痴漢もあります。いろんな犯罪があって,そのいろんな犯罪に対処していかなければいけない。今までもずっといろんな犯罪があったわけですが,お手許に「最近の犯罪情勢の特徴」というのがあります。冒頭にも少し申し上げましたが,やはり日本の犯罪を悪くした直接的な要因がいくつかあります。

今,非常に問題になっていることの1つは外国人です。外国人といったとき

に，注意してほしいことがあります。日本に住む外国人は非常に増えています。外国人の犯罪が増えるのはあたりまえです。ですから，外国人の犯罪が増えたから外国人は帰ってしまえという話にはならないということです。たとえば，今，日本に住む中国人は約50万人です。1980年以前は，だいたい4～5万人でした。これだけ増えてきたのです。だから中国人はけしからんということにはなりません。

　私たちが問題にしているのは外国人の一部が敢行する組織犯罪です。そこで皆さん方の記憶にあるのは何ですか。1つは薬物犯罪。これはずいぶん少なくなりました。でも，渋谷に行けば少し残っています。あとは暴力すりです。あれは怖いです。でも圧倒的に多いのはピッキングなどの組織窃盗です。平成15年1年間に，警視庁は2,342人の在日外国人を捕まえています。警視庁の方々から話を聞きますと，おおかた300人ぐらいは組織犯罪者です。毎年300人ぐらい捕まえています。300人捕まえたら，翌年が100人だというわけではないのです。また300人検挙する。そういう状況が続いてきています。

　東京で，ピッキングという手口が発見されたのは平成8年です。古いことではありません。そのときに，警視庁が認知したピッキング手口の犯罪というのは111件でした。それが2年後には1,100件を超えます。さらにその2年後には1万1,000件を超えます。それぐらい急激に増えていったんです。

　このような，今まで日本になかったような一塊の犯罪が大量に降ってわいたわけです。これは無視できない話です。彼らの手口を見てください。今までの日本の泥棒は現金しか持っていきません。外国人は貴金属もパソコンも持っていきます。預金通帳も持っていきます。印鑑と一緒に持っていかなくても，預金通帳に印影さえ押してあれば，彼らはそこから印鑑をつくり，被害者の通帳名義の日本人を仕立てて，広島でもわずか1日のうちにこれを換金できる。そういう仕組みをもっています。日本にはなかったこんな犯罪が生まれてきたわけですから，何ともはや，対処せざるを得ないわけです。そういうことが起こっている。

　ここで1つの大きな教訓があります。彼らは捕まってから，われわれのことを何というか。「日本人は甘いよ」と。それは警察も優しいし，みんな優しいわけです。けれど，それ以前に，「鍵をかけてあるというけれども，あれは鍵

とは言わないのではないか」と。「家の中に結構いろんなものが置いてあります」と。彼らは時々化粧品も大量に持っていきます。化粧品を国際宅急便で海外に送れば，高く売れるわけです。手口は万引きです。かつてこんなものはなかった。大量に持っていかれる。広島にも来ました。彼らは何と言うと思いますか。「これは持っていってくれと置いてあるんじゃないのか」と言うんです。だれも監視してないから。「そんな高いものならちゃんと盗られないようにしろよ」と言っているわけです。

　そこで思い出されるのは，私たちが海外旅行に行きますと，みんなぼんやりしているから，日本人というのはもうターゲットです。そのぼんやり状態が，国内にずっとあるわけです。そこへ，ぼんやりしていたら物を盗られるぞという国からいっぱい人がやってきて，ぼんやりしている人がいっぱいいると思ったわけです。おもしろい話があります。上野に花見に行くでしょう。私もその１人ですが，みんな酒を飲んでやっているじゃないですか。あれをじっとまわりで見ている人がいるんです。そして一番金を持っていそうで，寝込んだ人を狙うわけです。これを仮睡盗といいます。このごろ仮睡盗がえらく増えています。じっと見ているのは組織犯罪者たちです。

　また，ブランコという手口があります。酒屋で酒を飲んでいるでしょう。いい気持ちで飲むと暑くなってくるじゃないですか。服を脱ぐでしょう。衣紋掛にかけるわけです。話しているうちに，帰りに，あれ，おれの財布どこいったんだと。ここにかけているのにどうなっているんだと。そんなもの，自分の目の届かない後ろにかけているのが問題なのです。ぼんやりしているところを狙っている人がいるのです。

　このような時代になったということです。これを，犯罪のグローバル化が進んだといいます。日本がそういう状況になったんだということを，われわれは忘れてはいけないということだと思います。

　ですから，残念ながら昔のように鍵をかけなくても，自分の持っているものをそこら辺にほったらかしておいて，２〜３日たってももとどおりにあるということは期待できなくなった。われわれはそういう中で生きざるを得ない。ここはだれに文句を言ってもしようがないことだと覚悟を決めることが大事だということを，最近の外国人の組織犯罪は教えています。

青少年を犯罪に巻き込ませない

　次に，いろいろな犯罪抑止の柱があると思います。区市町村の抑止力，地域の方々の抑止力というものもありますが，やっぱり子どもたちの犯罪に向けての学校の役割というのはすごく大きいと思っています。学校には子どもたちがいます。子どもたちを狙う大人社会があります。あるいはしっかり教えられないために，子どもたち自身が罪を犯すこともあります。万引きが広がることもあります。

　そういう子どもたちに，学校を中心に大人社会がどう働きかけていくのかということはとても大事なことです。東京都が進めているのは，学校における子どもたちの教育です。今，いろんな区市町村のほうで，通学中の子どもたちに防犯ブザーを持たせようという動きが広がっています。これはこれで1つの試みだと思います。子どもたち自身に警戒する力をつけてもらうということで大事だし，万引きをしたり，自転車をちょっと盗んでしまったりするということが，いけないことだということもしっかり教えていかなければいけないと思って，いろいろな取り組みをしています。

　あわせて，人を殺したり大きなけがをさせたりするということに抵抗をもたないような子どもたちが増えてきているのではないかという思いがあります。多くの人たちが危惧して，それがどうしてかということがいろいろ議論されています。1つはネット社会の問題だといいます。インターネットを見れば，子どもたちにとって有害な情報に即座にアクセスできる。あるいは子どもたちは携帯電話を持っています。出会い系サイトにいつでもアクセスすることができるということが言われています。

　このことが問題だと言われ始めてしばらくたちますが，まだ社会全体として，どういう方向でこの問題に対処するかその方針が出ていません。携帯電話は子どもに持たせるなと言う人がいます。それはもう，ちょっと難しい時代になりました。パソコンを彼らに扱わせるのはしばらくしてからにしろと言いますが，学校でも教えていますから流れはとめられないでしょう。

　そういう中で，子どもたちにどうやって便利な側面だけを利用してもらって，

有害な側面を利用させないようにするのかということについて，これからわれわれは考えていかなければいけません。もちろんフィルタリングソフトとか，要するに子どもたちにそういうことを見せない技術上の問題もあり，そういう点でも工夫していける方向が1つありますが，もう1つはそういうパソコンの問題やインターネットの問題，そもそも携帯電話も，われわれ大人は電話として使うことが多い。彼らは，携帯電話は電話としても使えるのかというぐらいの話です。メールの世界です。しかも，それはインターネットにつながっている。持ち歩けるパソコンとして使っているわけです。そこで，いろんな情報が彼らのところに押し寄せてくるわけです。

　ところが親はそれを知らない。子どもたちがどういう情報に接しているのか。そういう，これから子どもたちが生きていかなければしようがないネット社会の中で，子どもたちが今どういう状況に置かれているのかを大人社会がきちんと知らない。そこに，この問題の打開の1つの手がかりがあるのではないかという意見が出されています。それは，大人がインターネットや携帯電話をもっと知ろうじゃないかと。そのことについて，子どもたちとしっかり話せるようになろうじゃないか。家庭でも，学校でも，あるいは地域の方々とも，子どもたちがそういう話ができるようにしようという1つの手がかりを得ようとしています。

　あるいは，子どもが援助交際や売春にはまり込むことが少なくない。その背景にあるのは何かといったら，子どもたちの性に対する考え方に，ここ10年ほどの間に大きな変化が生じてきているんです。2002年に調査をしたところでは，高校3年生の女子の45.6％が性行為の経験をもっているわけです。これは3年に1回の調査ですから，12年前の1990年の調査では，この数字は17％ぐらいです。それ以後，子どもたちの性行動に変化が生じてくるんです。これは中学生も同じです。

　わけもわからない間に，人生にとっても非常に大事で，またいろんな意味で危険も大きい性という営みの中にほうり込まれて，精神的あるいは肉体的に大きなダメージを受けるということがあるわけです。こうした問題についても，今，大人社会は，まあ心配はしているけれども，何も言わない。子どもたちにとってみれば，大人は何も言わないじゃないかと。そういう状況が続いている

と思います。

　こういう点でも，子どもたちに対して，大人社会全体として，「おい，こういう問題があるぞ」と。私の意見では，そんな中学生でセックスなんてどういう話だと，子どもたちに伝えたいと思います。あるいは高校生になってもそうでしょう。お金も持っていないのに，妊娠して中絶するというのはどういうことですか。遊びでセックスをされたのではかなわないと，私は思います。そういう事柄についても，子どもたちというのは非常に無頓着です。一部の，悪意のある大人社会の，無責任ないろんな風潮が子どもたちに伝わっています。あるいはいろんなアダルトビデオや暴力性のあるビデオがあります。R指定などがなされていますが，実際には子どもたちがちゃんと見られるような状況に置かれている。これも大きな問題です。

　そういう状況を考えると，ここ10年ほどの間に生じている子どもの問題というものが見えてきます。私たちが，子どもはほうっておいても育つし，親がなくとも子は育つと言うじゃないかと，先生もちゃんとしっかりやってくれているだろうと思っている間に，子どもたちの健全な成長を妨げる状況が押し寄せたんだと思います。テレビゲームにしてもそうでしょう。子どもたちは，1人で部屋の中でそれなりの時間が過ごせる。そういう状況が広がることで，子どもたちが人と接する力，話をする力をどんどん狭めている。そういうことが，人間の脳の発達に大きな影響があるという意見もあります。

　今の性の氾濫の状況は，子どもたちに，人生というものはやっぱり苦しいことを乗り越えて，いろんな努力の積み重ねの中で生きていくという気持ちを植えつけるよりは，楽して金をもうける，快楽の中で生きていくことが人生だという，そういう風潮を広げているのだろうと思います。また，そういうことが子どもたちをめぐる犯罪という面でも大きな影響をもっていると感じています。

　私どもは，この犯罪の問題は幅広く見なければいけないと思っています。学校の先生も，警察の方も，子どもにかかわるさまざまな人たちの力を糾合して，子どもたちの幅広い問題への取り組みをしなくてはなりません。そうしなければ，今私が犯罪の増加の要因の1つとしてあげた，子どもたちの犯罪というのはこれからも減ることはないでしょう。外国人の犯罪は，さまざまな警察の努力もあるし，われわれの警戒心の向上で減らすことは可能でも，この子どもた

ちの犯罪は難しいと思います。

　そのことばかりではなく，やはり子どもたちに幸せな一生を送ってもらいたいという大人社会の思いがあるわけです。そうした思いも，子どもたちに伝えていかなければいけません。

　今，地域に，子どもに対するボランティアがいくつかあるだろうと思います。ボランティア活動は，どちらかといえば防犯パトロールや，子どもにかかわることでも，子どもたちを犯罪の被害から守るという活動に，おそらく中心的な取り組みがいっているのだろうと思いますが，地域で子どもを育て，そして学校を支援していただきたい。たとえばPTAの方や子どもをもたれている方，孫が学校に行っているという人たちもおられると思います。そういう人たちが，おやじの会，おじいさんの会などいろんな会をつくって，子どもたちにいろんな危険を教えていく。そして自分の人生をしっかりつくっていくうえで，何が大切かということを，押しつけにならないように，じょうずにわからせていくという，社会全体の壮大な取り組みが求められているのだろうと思います。

　　　　（平成16年6月の第1回東京都安全・安心まちづくりアカデミーでの講義）

② 住民主体の安全・安心まちづくり

● 小出　治
（東京大学教授）

専門は都市防災計画，都市情報システム計画。工学博士。主著に『大地震に遭った子供たち』（共著，NHK），『犯罪のない街づくり』（共著，東洋経済新報社），『デザインは犯罪を防ぐ』（共訳，都市防犯研究センター），『都市の防犯』（監修，北大路書房）などがある。

　ここでは地域の防犯活動団体は何をやればいいのか，何のためにやるのかということを考えていきたいと思います。
　なぜ市民がボランティア活動をやる必要があるかということが問題です。本来犯罪の取締りは警察がやるべきです。それをなぜ市民がやらなければいけないのかという理由が明らかではないのです。なぜ市民がやらなければいけないのでしょうか。

市民が主体になるということ

　防犯は警察が担当だということと，警察ではなくて基本的には自分が行なうのだという考え方があります。これは矛盾することではなくて，これが防犯活動の本質的なことだと考えます。

「防犯活動の主体はだれか」を考えたときに，具体的に何をどうやっていくのかということがはっきり意識されてくるのではないかと思います。自分たちが今なぜやるのか，を考えることで，具体的にどういう内容をやることが本当に役立つのかということにつながってくるわけです。そして，それを具体的にどう実践していくのかということになってくるかと思います。

なぜ市民が防犯活動する必要があるか。これについてはまず，平成7～8年ぐらいから，急激に日本全体の犯罪状況が非常に悪くなってきました。その後，検挙率は下がってくるし，犯罪者は増えるし，警察に任せてはおけない，だれかがやらなければいけないということで，よし，お助けマンということでがんばる。これが1つのスタンスです。

2つ目のスタンスとしては，自分の身は自分で守るということは市民にとっての本来的な役割だという考え方です。警察はむしろそれに対するサポートであるという考え方がある。それが市民の義務あるいは責務であるという考え方がある。

さらにもう1つ加えると，犯罪が非常に悪化してきた理由として，個人だけではなく，地域，社会，コミュニティーのつながりが低下してきた，あるいは旧来型の居住環境が変わってきたり，働く場所の環境が変わってきたりして，地域社会が変わってきたということもあります。そのようなことから，地域力が何らかの意味で低下してきた。それをもう少し活発化していかなくてはいけないということです。

すなわち，犯罪状況が悪化して，警察力が相対的に低下したことなどが要因となって，1つは地域活動が活発化した。個人が自分の範囲内でやるということは，自分の身を守り，自分の家に安全な鍵をつけたり，意識をもったりするのは自分ということです。

地域の防犯活動において，地域の人を一緒に活性化していく。そのときに，あなたはあなた自身の身を守るということをやってくださいという，あるいはそれがひいては警察の力のサポートになりますということだけではなくて，みんなで一緒にやることが犯罪にとって非常に重要であるということになってくるわけであります。

これらのことは，今の政治の流れ，あるいは今の行政の流れからすると，地

域分権や地域管理ということにつながってきます。今まではトップダウンで国の中央がすべての力をもってやってきましたが，徐々に徐々に下のほうにダウンしてきて，今後はコミュニティーガバメントというような非常に小さいところで，自分たちで自治をしていくという考え方が少しずつ普及してきますが，それとも関係してくるわけです。行政というのは役人がやることではなくて，市民がみずから積極的に参加し，発言し，それに対して権利と義務をもっていくという，たぶん新しい形の社会にこれからなっていく。その動きでもあるわけです。いろいろな重要な意味合いがこういう市民活動の中に入ってきております。そういう意味で，市民，行政，警察の連携ということが非常に重要になってきます。

　これは，お互いのパートナーシップであります。対等の関係であるわけです。行政に言われたから，警察に言われたから，というのではなくて，お互いに協力関係にある。ですから，警察に物申す，行政に物申すということも当然ながらこの中に入ってくるわけです。お互いの協力関係，パートナーシップという平等の関係でこれを進めていくということが重要になるわけです。警察のサポートというのは警察から頼まれるという，上位と下位という関係ですが，今度市民としてやっていくとなると，それが逆転するわけであります。そういう意味で，連携というのはまさに平等の関係でのパートナーシップをつくっていくことです。これは，別に警察だけではなく，今後の地域社会のあり方として，市民が政治の中，あるいは行政の中の1つの非常に大きなパートナーとしてやっていかなければいけないということでもあります。

防犯活動とは

　では，次に具体的に防犯活動の対象は何かということになります。要するに自分たちが地域で行なう防犯活動は何の役に立つのでしょうか。
　当然ながらキーになるのが犯罪ということになってきます。その犯罪の内容は，たとえば泥棒であったり，ひったくりであったり，痴漢であったり，いろ

いろなものがあるかもしれません。防犯というのは犯罪を防ぐということですから，当然ながら犯罪になるわけです。ところが，実際の市民の活動，あるいは地域との関係でみたときに，われわれの活動は本当に防犯だけだろうかということです。よく振り返ってみると，たとえばパトロールをやったり，いろいろなところでやるときに，子どもたちに声をかけたり，あるいはゴミを片づけたりということがたぶん非常に重要な課題になってくるのではないか。そのときに，地域のゴミをきれいにすることは犯罪と何も関係ないのか。それに対してどう答えるかということにもなるわけです。

防犯活動ということでやっていること，つまりゴミを片づける，まちをきれいにする，掃除をする，あるいは違法駐輪の自転車をきれいにする活動がどう結びつくのかということにもなってくる。では，それは犯罪とは関係ない，瑣末な，無関係なことなのか。それよりももっと，犯罪者を追っかけて捕まえたりするほうが重要ではないかという疑問にもなってくる。これはどっちだろうということをちょっと考えてみましょう。

犯罪というのは，日本の場合は刑法という法律で決まっていて，非常にはっきりしている。それに対して，われわれ市民という立場からして，生活ということから考えたときに，犯罪が非常に増えてきたといえども，日本はまだまだアメリカとかイギリスに比べれば圧倒的に少ない。それでも身近に直接被害に遭ったり，嫌な目に遭ったりする経験も増えてきているかもしれません。しかし，通常の場合，自分たちの目に見えるものは犯罪ではないものが多いと思います。たぶん犯罪よりもう少し広い範囲のものが，われわれにとって一番直接的に目に見える，犯罪に近い対象として映ってきているはずです。犯罪が中心にあって，活動の対象はそれよりもう少し広いものが中心となるはずです。

◆ 犯罪のまわりにあるもの

1つは，社会的秩序の乱れ，あるいは，犯罪になるのではないかと言われるもの。たとえば青少年の非行のようなもの。次に，地域の無関心。隣の人がだれかよくわからないのであいさつもしない。そういう非常にさばさばした，地域社会そのもののあり方みたいなことがあるかもしれない。公園などでも，木がうっそうとしていて，街灯もなく，なぜこんなところにつくったのだろうと

思われるような公園があります。不安というか，非常に使いづらい，嫌だな，直したいというのも，そういう対象になってくるかもしれません。

　そういう意味で，市民が身近に目にする部分からアプローチすると必ずしも犯罪と対峙しているわけではない。犯罪に対応するのはあくまで警察がやる仕事，プロパーという意味であるわけです。

　市民が目にする部分の対象は非常に広いはずです。その広い中でも防犯に関係してくるのは，おそらく，不安，社会不安という形で心理的に現われてくるわけです。

　ただ，不安というのは犯罪そのものと直接は一致しない。よく犯罪不安と犯罪現場を比較して，不安と思うところ，嫌だと思うところで犯罪が多いのかということを調査すると，1つは犯罪そのものがそんなに多くないということもあって，嫌だな，危ないと思うところで必ずしも犯罪が起きているわけではないです。

　不安は個人の感覚です。たとえばまちで活動していても，自分のテリトリーはよく知っているが，隣は全然わからない。すると，「あなたはどこが不安ですか」と聞かれると，自分の知っている縄張りのことでしか言えない。普通のサラリーマンなどは，もしかすると会社と駅だけで，そこのルートしかわからない。そうすると，自分は地域に住んでいるといっても，それ以外の道筋の施設，重要な場所はほとんどわからない。自分の意識，不安の評価は非常に偏っているということもある。そういう意味で，みんなで知識を共有化していくことが重要なことになるわけです。

　私たちは自分たちの地域を全部知ってはいない。そして犯罪情報が正確にはわからない。それは，今言ったように犯罪がまだまだ少ない，まれだということもあります。犯罪不安がそのまま犯罪を引き起こすということでもない。少なくともわれわれは，直接的には犯罪そのものよりもむしろ犯罪不安と対峙して，そこからものを見ていくことになるかと思います。

　社会の不安要因はたくさんあります。危ないものから，わけのわからないもの，犯罪が多発しているというのも社会不安ですし，青少年がスーパーやコンビニにたむろしてタバコを吸ったり，話をしたりしているのも，普通の人は避けたいと思います。公園で昼間からおっちゃん方が漫画を読んで寝転がってい

る。そうすると，普通の人はやはり公園としてはいかがなものかと思います。だからといって，あのおっちゃん方がすぐ「金出せ」といってナイフを突きつけるわけでもない。ただそういうのはやはり不安として考えるし，ほかのところに行ってもらいたいなと思うのも普通の考えかもしれません。

それから，暗がりです。夜帰ろうとしたときに，街灯が途中でなくなったり，あるいは植木が非常に高くなって暗くなったりしていると，とくに女性の方は，あそこの道は嫌だなという道があるかもしれない。だからといって，そこですぐ犯罪が起こるわけでもない。でもそういう不安を消していくことが重要な活動になってくるのではないかと思います。

さらに，外国人で日本語を理解できない人がたくさん来ている。いったい何語をしゃべっているのか，よくわからない，コミュニケーションができない人たちがいる。今からの社会はこの問題が非常に大きくなってくるかもしれません。少なくともそういう言葉のわからない隣人に日本語を教えてあげるということも重要な活動になるかもしれません。

また，クオリティー・オブ・ライフという言葉があります。これは非常に広い言葉で，医学の中で使われていたりしますが，日本でも「生活の質」ということで定着してきています。犯罪に対して住民が活動していくときに，不安があったり，まちのイメージが悪かったりということが嫌だということで，それをひっくるめて中身がどんなものかというのは諸説紛々ですが，少なくとも言葉としては，一言で言えば，こういう生活の質の向上が防犯活動の大きな目標であると語られてきています。

アメリカでは「割れ窓理論（Broken window's theory）」というのがあります。本来はFixing broken windowsということで，割れっ放しではなく，それをいかに修繕するかということが本来の意味でしょう。要するに，割れた窓という小さな，本当にささいな社会的な乱れが，1つは犯罪そのものを引き起こしていくことにもなるし，それをフィックスしていく，直していくことが犯罪そのものを未然に減らしていくという考え方です。それはこれまで説明してきたこととまったく同じことを言っていると思います。

そういう意味で，地域の防犯活動は警察のお助けマンとして前面に出るということもありますが，それよりもむしろ犯罪も含めた，地域のいろいろな嫌な

要因に対処していくことが，犯罪そのものを減らす本質であるということです。必ずしも犯罪者を追いかけ回して捕まえることが防犯活動の本質ではない。むしろその周辺のいろいろな細かい表象，予兆，そういう現象として現われてくるものかもしれないし，地域から見れば地域の質の低下をいかにもとに戻すかということが防犯の活動であろうと定義してもいいかもしれません。そうすると，地域の防犯活動において自分たちが何をするべきなのかということもだんだんイメージがわいてくるのではないかと思います。

　地域というのは，結局地域の住民相互のコミュニティーを活性化していくこととみなしてもいいし，その地域のイメージをつくる物的なもの——壁が汚かったり，ゴミが出ていたり，暗がりがあったりという物的な環境を整備することも1つの方法です。そういう意味で，地域への愛着，誇りをつくっていくことにもなるわけです。

　とくにアメリカの理論，考え方がこういうものに出ています。日本では成城，田園調布，芦屋という非常に立派で有名なブランドの地域はありますが，生活実態はたいして変わらない。要するに，ほぼどこでも金太郎あめみたいなものです。

　ところがアメリカは，ご存じのように，貧富の差が激しい。地域の差がものすごく激しいわけです。それが人種，要するに黒人，ヒスパニックと言われるスペイン系の人々，あるいはチャイナタウンがあったり，コリアンタウンがあったり，日本人街があったりということで，人種によって裏づけされ，それがまた貧富の差にもなっていく。ということで，小さなコミュニティーが隣接しながら格段の差をつけている。そういうところでは，地域への愛着は結局自分たちの民族，エスニックな民族のカルチャー，自分たちの文化への誇りをもう1回もたせるということにも通じているわけです。そういう意味で，自分たちへの誇り，地域への誇りは，自分たちのエスニックなカルチャーへの誇り，自分たちの自信の取り戻しということでもある。そういう意味で非常に強いものがある。こういう願望を通しながら地域をよくし，自分たちが白人に負けないという誇りをもち，それを経済的な活力にもっていく行動を防犯活動の中に入れていく，というわけです。

◆ 生活の質の低下防止

　日本全体で，今いろいろなところでシャッター通りといって，駅前商店街は大通りに面した大型ショッピングセンターにお客をとられて衰退していく現象で悩んでいます。地域経済が低下していくとどうしても職業が奪われてくる。そうするとそれがまた犯罪を助長する。そういうことがあって，地域の経済力を復活させるのも生活の質の向上ということになっている。そういう意味で，商店街の活動をしたり，あるいはそこのための人員の育成をしたりということもあります。

　日本にも地域再生という言葉がありますが，それと同じような意味で，アメリカやイギリスにも地域の再生プログラムがあります。その中には，行政がお金を出すのではなく，日本の商店街，あるいはそこの住民から税金みたいなものを取って，それで地域の再生をするという事業をたくさん展開しています。

　そういう事業の中で一番行なわれている内容は防犯です。地域再生プログラムの中で一番数が多いのが防犯活動であるといえます。他方，日本の場合は，生活の質と安全が直接的な関係としてみなされず，地価やブランドなど他の要素が強く，欧米と比べて違いがあります。しかし，少なくとも表面的にはまち並みをきれいにしたり，お互いが協調して家をつくったりしていくということが地域の質に関しての重要な問題になってくるかと思います。

　いずれにしても，こういう生活の質の向上，逆に言えばそれの低下を防ぐことが防犯の活動になってくる。非常にスコープが広い。生活全体が防犯であると言ってもいいわけです。自分の家のまわりの掃除をする，あるいはゴミ出しのルールを守るということは，犯罪者を捕まえることでも何でもないし，犯罪者を減らすことに本当に役に立つのかどうかよくわからないと思われるかもしれません。しかしそれが本質であるということです。要するに，何でもいいということです。

　いろいろな分野の活動が地域ということで統合していく，協力していく，あるいは情報や経験をシェアしていくことが重要な課題になってくるということも大切なことです。

　自分は防犯のプロだ，だからそのやり方と異なる方法はいけないというふうに決めつけることはまったく意味がないことにもなってくる。むしろ防犯とは

まったく関係ない人たちが，ひょっとしたら何かのときにそれを集約すれば活動の力となる，広く連携していくことが重要な課題となる。

　これもアメリカの事例ですが，アメリカは，日本でいうNPO，向こうでいう財団のようなものが力をもっています。力というのは，お金を持っているということです。日本のNPOには力がありません。すなわちお金がありません。防犯活動をするときに，たとえば，昔，公園でドラッグの売買が多くあって，そこをどうにかしたいという問題があって，その公園を改善しましょうということになります。そのとき，アメリカのことですから，市役所に行って「直してください」とは言わない。自分たちでつくるわけです。そのときには，そういう周辺の，今までの活動とはまったく無関係の活動をしている方のNPOのリンケージをつくり，そこからいろいろな寄付と人材を集めてくるという活動をします。

　要するに，公園を直す職人さんのようなグループがあります。公園の遊戯器具をファンドしてくれる財団を探します。プランナーを探します。今までの自分たちの防犯活動には直接関係ない人たちと密接なリンクをとりながら，防犯のための公園をつくっていくという活動をやります。そういう意味で，横のリンケージを非常に大切にしています。

　日本の場合は，関係ない活動をリンケージするのは何の意味があるかということにもなりますが，アメリカでは防犯は非常に広がりをもっていて，いざ何か問題を解決しようとしたときに，お互いにリンケージをとっていくということは，実践上非常に重要なことになる可能性があるということです。

　活動内容を聞いてみると，けっこう活動内容は広く，当然ながら防犯という名前がついていますし，防災，災害，福祉，環境美化，教育文化ということです。そういう意味で，このバックグラウンドにはたぶん，広い組織があって，関連する人々の組織があってということになってくる。この割合は別にしても，これ全体が防犯と考えてもいいわけです。要するに，これが安全・安心のまちづくりの本質であるわけです。ですから，自分は防犯をやっているから，自分は防災をやっているから，自分は福祉だからということでの切り分けではなく，お互いに同じことをやっているというふうに考えたほうがいいと思います。

　今，行政が中心となって防犯診断，マップづくり，などを地域の防犯活動団

体に勧めています。しかし，住民にとっては，地域の不安や自分たちが活動する対象がはっきりわからないのが現状です。犯罪に関する情報そのものも，そんなには直接警察から来ているわけではない。そうすると，自分たちが得られている情報は何かというと，新聞の情報，あるいは伝聞，人から聞いた話をもとにして活動することになる。すると，ひょっとしたら本当のターゲットを見失っているかもしれない。そういう意味で，地域そのものをきちんと自分たちで診断する，判断することが重要になる。

また，自分はこの地域に 30 年住んでいると威張っていても，100 メートル家から離れると全然わからないということがたくさんある。自分の意識のテリトリーには偏りがある。よく知っているところは非常によく知っているが，知らないところがたくさんあるということなので，それを全部平面的に埋めていくことが大切です。平面的に埋めることによって，すべてを平等に見てみる。その中で，何が悪いのか，何がいいのかということを発見していく。これは非常に重要な活動になります。

防犯活動をされていて，たとえば公園の整備，あるいはひったくりの出ない道路をどう整備するか，もっと言うと，建物のつくり方をどうするかということを提案していくのも防犯活動になるわけです。防犯性の高い錠を普及していくこともその中に入るのかもしれません。もっと広い目で都市の施設を直していくとか，駅前の駐輪場をつくっていくとか，あるいはなくしていくということも含むかもしれませんが，そういうことを提案していくことも防犯活動になる。必ずしも自分の体を動かしてパトロールするということだけではなく，行政にそういう提案をしていくことも活動になるかもしれません。当然ながら，道路，公園，建物などのインフラ整備も重要な防犯活動です。

今，多くの自治体で生活安全条例も制定されています。これは行政のメニューで，住民がこれにどう関与するかということも重要であります。今，都市計画の分野では，当然ながら住民参加が大きなテーマになっています。普通の人にとって都市計画というのは何をやっているのかよくわからない領域ですが，それも防犯に関係します。どう関係するかというと，たとえばパチンコ屋は駅前などにつくれますが，住宅地の真ん中にはつくれない。それは都市計画法という法律で決めることができるわけです。建物の使い方（用途）と，建物の大

きさ，高さを決めることができる。それに対して住民が，今は，自分たちの地域のデザイン，将来的な形をどうするのかを自分たちで提案することができます。自分の家のまわりに風俗店ができたり，パチンコ屋ができたりするのが嫌だと思えば，それを制限する活動をすることも防犯活動になるわけです。

自分たちのまちの目に見えるものと，計画ですからすぐには目に見えないものを含んで，たぶんいろいろな活動があり得るということです。計画の話は，今までたぶん考えたこともないのではないかと思いますが，そういう活動もあり得るわけです。

さらに，自分が区長や市長になったつもりでまちをどうするかということも，防犯に対するまちの方向性を決めるという意味で重要なことになります。あるいは防犯を積極的に市の市政として，あるいは区の区政として入れ込んでいくことも重要なことになるわけです。それを具体的にどう展開するかはその後の仕事になりますが，市長や区長にプレッシャーをかけていくのも市民の役割かもしれません。そういうことにまったく無関心な市長や区長は選挙で投票しないというのも1つのセレクション活動です。

◆ **具体的な防犯活動方法**

防犯の活動にはいろいろな幅がありますが，たぶん一番ポピュラーな活動は防犯パトロールだと思います。ただ，防犯というのは非常に幅が広く，重要な活動ではありますが，いろいろな活動があり得るということを知っていただきたいと思います。

ハードウェアの整備の例としてスーパー防犯灯があります。今は行政がお金を出してくれます。ただ1基のお金が非常に高いので，なかなか数が増えないという難があります。インターホンのようにテレビがついていたり，ついていなかったりしますが，ついていれば警察官とコミュニケーションしながらどうのこうのという連絡がとれる。上にはランプとカメラがついているものが公園の中に設置してある。こういうものにも今予算がついています。今まで行政がいろいろ支援する際にはパトロールなどというような活動支援が対象でしたが，ハードウェアの整備や，地図，安全マップをつくることにも支援していただけるようになってきています。

それから情報の話ですが，今，情報の提供や共有が重要な課題で，警察は何も知らせてくれないと言っていますが，実際はいろいろ情報を出している場合もあります。警視庁のホームページでは犯罪発生マップが出ています。そのような情報を地域の防犯活動の中に取り入れていくことも重要なことです。

　今後はこういう情報の公開が急激に進むと思います。今，情報がない地域であれば，警察署の署長に談判して，情報を出してくださいと言えば出てくると思います。出さない署長はたぶんすぐ左遷される世の中になっているのではないかと思います。正確な情報を共有化していくことは重要です。情報がない，ないと不満を漏らすばかりでなく，少し積極的にアプローチしていくと，いろいろなものが発掘できるかもしれません。そういう意味で，警察のホームページや区役所のホームページは大変有効だと思います。

　ただ，地図の見方などは非常に難しいし，見ても，なぜというのがわからない。やはり自分で歩いているというのは重要なことになります。それから専門家の話を聞くことも重要です。犯罪は繊細な現象なので，ちょっとしたことですぐ変わったりするわけです。現象そのものを抑えることは一種の相対性理論のようなもので，自分が歩いていくと向こうが反応してしまうものですから，非常に難しいところがあります。

　地域の防犯活動をする方々の立場は，警察と犯罪が当然ながら1つの対応関係にあって，それに対して自分たちがどうかかわるか。そのときに，われわれは警察の領域に関与するわけではない。警察と市民と行政が平等なパートナーシップをもつ。平等であるということは，自分独自の領域をもっているはずです。その独自の領域は何かというと，ひょっとしたら犯罪を取り巻くもっと広い対象が住民の活動の対象になるのではないかということです。言葉を換えると，自分たちの身近な生活の質を支えているまちの要素，すなわち人や住環境ですが，そういうものを変えていくことが住民の立場からのオリジナルなテリトリーであり，そこで活動することによって，警察や行政とフィフティー・フィフティーの関係をもっていくということです。

　そういう意味で，住民の活動は警察のサポートだけではありません。自分の身は自分で守るという個人の活動だけでもありません。要するに，自分たちが相互に，市民が協働して，自分たちの生活の場を自分たちでよりよくしていく

活動が防犯活動であるという結論になります。

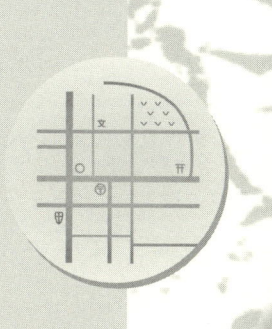

Part 2
地域防犯活動のための基礎理論

1 安全な街は，犯罪機会のない街

● **小宮　信夫**
（立正大学教授）
専門は犯罪社会学。社会学博士。法務省，国連アジア極東犯罪防止研修所，法務総合研究所などを経る。多くの県のまちづくり委員を歴任。主著に『犯罪は「この場所」で起こる』（光文社新書），『地域安全マップ作製マニュアル』（東京法令出版）などがある。

　安全・安心まちづくりはどうすれば効果的に行なえるのでしょうか。犯罪に強い街はどうやってつくったらいいのでしょうか。私は，そのために一番必要なことは発想の転換だと思っています。これをしないと，いくら議論を続けてもおかしな方向に行ってしまう可能性があります。どのような発想の転換かというと，犯罪原因論から犯罪機会論という発想の転換です。日本は，まだ犯罪原因論が主流ですが，欧米では20年ぐらい前に犯罪原因論から犯罪機会論に大きく発想を変えました。

犯罪原因論と犯罪機会論

　犯罪原因論は，犯罪には原因があるので，その犯罪の原因を探し，探し当てたら，その犯罪の原因を取り除けば，社会は安全であるという発想です。「そ

んなこと，あたりまえではないか」と思われるかもしれませんが，日本ではあたりまえですが，欧米ではあたりまえではありません。欧米では20数年前に犯罪機会論に発想を転換しました。戦後，欧米では犯罪が増加し続けていましたが，発想を転換した結果，今では犯罪が減少しています。ですから，日本でも発想を犯罪機会論のほうに転換すれば，犯罪が減っていく可能性があるわけです。

しかし，日本では犯罪原因論が大きな影響力をもっています。犯罪原因論の中で，犯罪の原因として一番よくあげられるのが犯罪者の人格です。異常な人格，犯罪性の強い性格，犯罪傾向の高い性格，これこそが犯罪の原因であるというものです。ですから，この人格を変えてやればいいというのが，犯罪原因論からの発想になります。しかし，それはそう簡単なことではありません。

たとえば，犯罪者の人格が原因であるとしてよく登場するのが，人格障害という言葉です。大阪の池田小学校事件のときにも，犯人は人格障害であると言われました。また，神戸の酒鬼薔薇事件のときは，行為障害という言葉が登場して，これが犯罪の原因であると報道されました。

しかし，人格障害や行為障害は，本当は原因ではありません。人格障害だから罪を犯したのではなく，罪を犯したから人格障害と診断されたにすぎないのです。つまり，罪を犯しそうな性格一般のことを人格障害と呼んでいるのです。言葉を言い換えているだけなのです。

本当に犯罪の原因を発見したければ，なぜあの池田小事件の犯人は人格障害になったのか，なぜ酒鬼薔薇少年は行為障害になったのか。そのなぜを明らかにしなければならないのですが，それは今の私たちの科学水準ではわからないのです。わからないから，専門用語をつくり出しては，それで何となく，わかったつもりになって問題を終わらせてしまっているのです。

もう1つ，よく犯罪の原因として登場するのが，犯罪者の境遇です。家庭が悪い，学校が悪い，会社が悪い，こういった指摘です。あの子の母親は甘やかしてばかりいるからだ。あの子の父親があまり家に寄りつかないからだ。あの子は学校でいじめを受けていたからだ。あの中年は会社をリストラされたからだ。こういった言い方です。もっともらしい原因ではありますが，本当にそうでしょうか。もしそれが本当であれば，日本人のほとんどが犯罪者になってし

まうかもしれません。

　母親が甘やかしていても，犯罪を犯さない子のほうが圧倒的に多数です。父親が家にあまり寄りつかなくても，普通は，犯罪に走ったりしません。学校でいじめに遭っても，犯罪を犯す子と犯さない子を比べれば，犯さない子のほうが多数です。リストラされても，犯罪に走らないのが一般的です。では，同じ境遇にあっても，犯罪を犯す人と犯さない人の間では，何が違っているのでしょうか。そこを明らかにしなければ，本当の犯罪の原因を突きとめたことにはなりません。しかし，それは今の私たちの科学水準ではわからないのです。そのため，いつもやっていることは，事件が起きてから振り返ってみるという結果論です。振り返ってみると，あの家はああだった，あの学校はこうだった。見つけやすかった問題点を原因とみなしたわけですが，それが本当の犯罪の原因である保証はないのです。

　このように，人格にしろ，境遇にしろ，犯罪の原因と言われているものは非常にあいまいなものであって，マスコミが単純化して報道しているほど，犯罪原因は簡単なものではありません。もっと複雑なものなのです。とくに現代社会では，おそらく無数の犯罪の原因があり，それが複雑に絡み合って犯罪が起きているはずです。その中のこれとこれが原因だと特定することは非常に難しいのです。

　百歩譲って犯罪の原因が何なのか，たとえば，こういう人格が原因だとわかったとしても，それを治せるのでしょうか。人格を治すようなプログラムを開発して実行するのはさらに難しいでしょう。確実に矯正できるプログラムは，いまだに開発されてはいないのです。

　欧米では20年ぐらい前にそのように考え直しました。もちろん犯罪の原因はあります。しかし，それがいったい何なのかよくわからないし，それをなくすプログラムをつくるのはさらに難しいと考え直したのです。そこに登場してきたのが，犯罪機会論です。これは犯罪の原因ではなく，犯罪の機会に注目するアプローチです。

　どんなに犯罪の原因があっても，どんなに罪を犯したいと思う人がいたとしても，その人の目の前に犯罪を実行できる機会，つまりチャンスがなければ，犯罪は起こりません。「機会なければ犯罪なし」です。ですから欧米では，で

きるだけ犯罪の機会を社会から減らそう，できるだけ犯罪者から犯罪の機会を奪おうという取り組みが行なわれています。その成果，犯罪が減ってきているのです。

　日本で犯罪対策に取り組もう，治安対策を始めようとすると，すぐに，なぜ犯罪が多いのか，その原因を追及したがるのです。原因は，今お話ししたように，よくわかりません。しかしそこにエネルギーを集中して，ああでもない，こうでもないと言っているうちに疲れてしまって，対策を議論する前に，終わった気になってしまう。そして，具体的な対策が講じられないままになり，状況はちっとも変わらないままでいるというのがよくあるパターンです。

　しかし犯罪機会論は，原因がわからなくても，原因を議論しなくても，犯罪を防げるという立場です。犯罪者の人格を直せなくても犯罪は防げる。犯罪者の家庭環境を改善できなくても犯罪は防げる。これが犯罪機会論です。

犯罪機会を減らす3要素

　では次に，どうすれば犯罪の機会を減らしていくことができるのかという話に移ります。それには，犯罪に強い要素，それは，抵抗性，領域性，監視性ですが，この犯罪に強い3つの要素を高めれば高めるほど犯罪の機会は減っていきます。
　まず1番目の犯罪に強い要素は抵抗性です。抵抗性とは，犯罪者が接近してきて目の前に来たときに，その犯罪者の力を押し返すことです。たとえば1ドア2ロック。自分の家の玄関扉の鍵は，1つではなく2つ付けましょうというものですが，これが抵抗性です。犯罪者がやってきて，「さあ，この家に空き巣に入ろう」と思って玄関の前に来たときに，「何だ，この家には鍵が2つ付いている。普通の家より倍の時間がかかってしまうな。ここは大変だから，やめた。次の家に行こう」。こうして，玄関先で犯罪者を押し返す。これが抵抗性です。
　ひったくり防止のためにネットを前かごにかぶせる。これも抵抗性です。オートバイに乗った犯罪者が，後ろから近づいてきて，前かごに載せてあるハン

ドバッグを,ひったくろうというときに,前かごの上に防止ネットがかぶさっていることを見たらどうでしょうか。「ハンドバッグに手が届かないから無理だ。別の人を狙おう」。こうして,ひったくりを防げる。これが抵抗性です。

　防犯ブザーも抵抗性です。連れ去り犯人が,この子を連れていこうと思って目の前まで近づいたときに,目に防犯ブザーが映る。手を握ったら防犯ブザーを鳴らされるかもしれないので,「この子をやめて違う子にしよう」。そう思わせるのが防犯ブザーの抵抗性です。

　しかし,抵抗性は,今お話ししたような物やグッズをいくらそろえても,それだけでは不十分です。そういった抵抗性を高めるハードをきちんと使いこなす,いつもいい状態にしておく。そういう管理意識,防犯意識がなくては抵抗性が高いとは言えません。たとえば,1ドア2ロックにしても,「ゴミ出ししている間はまず入られないだろうから開けっ放しでいいや」とか「ちょっとコンビニに買い物に行くときぐらいは開けっ放しでも大丈夫だろう」と思っているといずれ入られてしまうかもしれません。

　ひったくり防止用のネットも同じです。これは実際に大阪であった事件ですが,ある街では,通行人にひったくり防止用のネットを無料で配布していました。ところが,ある日,ある女性が,自転車の前かごに入れてあったハンドバッグをひったくられたと言って,警察署に来ました。「おかしいですね。この地域では皆さんにひったくり防止用のネットを配布していたのですが,そのネットを使ってなかったのですか」と聞いたら,「いいえ,前かごにはきちんとネットをかぶせていました」。「だったら,とられるはずないのですが……」とよく聞いてみたら,たしかにその女性は自転車の前かごにネットをかぶせてあったのですが,ハンドバッグはその上に置いてあったのです。これでは盗まれてしまいますね。これは実際にあった話です。

　防犯ブザーについても同じことがいえます。防犯ブザーをせっかく渡してあっても,かばんの奥のほうにしまってあって取り出せなければ使いものになりません。防犯ブザーを無料で配布している市町村が増えましたが,どれだけの数の子どもたちがそれをいつも学校に持ってきているのでしょうか。子どもたちの多くはブザーを家に置きっ放しです。あるいは,電池切れのブザーを持ってきています。これでは意味がありません。ですから,この抵抗性は,物だけ

ではなく，それを使いこなす人間の意識，つまり，防犯意識や管理意識が大事だということです。

このように，抵抗性については，日本でもいろいろとやってきました。つまり，犯罪原因論でも，ここまでは発想がたどりつくのです。抵抗性は，犯罪者が目の前に来たときに使うものです。ですから，犯罪原因論からでもアイディアが出てきます。犯罪原因論は犯罪者の人格や境遇に注目しますから，常に犯罪者をイメージします。ですから，どうやって自分を守るか，被害を防ぐかというと，犯罪者をまずイメージして，それとの関係で，つまり，1対1の関係を想定するわけです。これが，抵抗性が必要になる場面なのです。1対1で守る，個人で守るという発想です。

しかし，犯罪機会論は，このあと説明する犯罪に強い要素の2番目と3番目の要素，つまり，領域性と監視性を重視します。それは，個人で守ることではなく，場所で守る，地域で守るという発想です。これは，犯罪機会論に立たなければ出てきません。

犯罪者はどうやって罪を犯すかというと，まず戦略的に場所を選びます。そのあとに，戦術的に特定の個人，特定の家，特定の車，特定の子どもを狙ってくるのです。ですから，まずは犯罪者に狙われない地域，犯罪者から選ばれない地域にすることが大切です。しかし，そういう発想は，犯罪者に集中する犯罪原因論からは出てきません。

犯罪に強い要素の2番目は領域性です。抵抗性とは，今お話ししたように，犯罪者が最終的なターゲットに近づいてきたときにそれを押し返す力です。1ドア2ロックにしろ，防犯ブザーにしろ，すべてそうです。しかし，領域性は，そもそも犯罪者を自分たちの場所，自分たちの地域に寄せつけない，もっと遠くの段階で犯罪者を押し返す力のことです。「ここから先は入ることができない」と犯罪者に思わせるのが領域性です。

そのためには，まず自分たちの場所，自分たちの領域をきちんと区切ることです。つまり，境界をはっきりさせることによって物理的なバリアを築くことです。入りにくい場所にするわけです。

たとえば，ガードレールは領域性を高めます。ガードレールの内側，歩道側では，ほとんどひったくりは起きませんし，子どもの連れ去り事件も起きませ

ん。それは，歩道の領域性が高まっているからです。犯罪者が簡単にはそこに入れない。車で来るにしろ，オートバイで来るにしろ，そこには入れない。これが領域性の考え方です。

公園を考えますと，日本の公園はどこからでも入れる公園が多いですね。これは，領域性が低いということです。どこからでも入れるということは，どこからでも逃げられるということですから，犯罪者は安心してターゲットに近づけます。

そういうハード面，物理的なバリアだけではなく，この場合ではやはりソフト面も大事です。それを縄張り意識と呼んでいます。「自分たちの場所，自分たちの地域には犯罪者を侵入させない」。そう思うことが縄張り意識です。先ほどのガードレールとか公園の柵を物理的なバリアと呼ぶのであれば，この縄張り意識は心理的なバリアです。縄張り意識というと，日本語ではあまりいい意味で使われませんが，動物であればどんな動物でももっている本能だそうです。犬が電信柱におしっこをするのは，犬の縄張り意識です。非行少年グループがあちこちに落書きをするのは，彼ら非行少年グループの縄張り意識です。

皆さんも縄張り意識をもっているはずです。自分の領域に入ってほしくないという感覚です。ですから皆さんも電車に乗って席が空いていれば，1つ席を空けて座るでしょう。映画館に行って映画を見るときに空いていれば，席を1つ空けて座ることでしょう。ガラガラの電車にだれか乗ってきて，自分の隣に座られたら薄気味悪くありませんか。これは，皆さんの縄張り意識が侵害されているからです。個人で縄張り意識をもっていいように，地域でももっていいと思います。逆に，地域の縄張り意識がないと，犯罪者は警戒心なくそこに入ってきます。

地方に行くと，まだ日本でも縄張り意識の強いところが多くみられます。よそ者が入ってくると，じろじろ見たりして，「どちらにご用ですか」とか聞いてきます。犯罪者が下見をして地域を選ぶときに，一度声をかけられたらもう二度とその地域には来ないでしょう。そんなところでは，安心して犯罪を実行できないからです。これが縄張り意識です。その縄張り意識と，先ほどの物理的なバリアが相まって領域性を構成しています。これが2番目の犯罪に強い要素です。

もう1つ，3番目の犯罪に強い要素が監視性です。監視性とは，領域性が突破されて中に入られても，この犯罪者の行動をきちんと把握できることです。この領域内を見やすくしてきちんとフォローできていれば，そう簡単に犯罪者は最終的なターゲットに近づけません。そう簡単には犯罪の実行には着手できません。これが監視性です。そのためには，まず物理的な死角をなくし，見えやすい場所にすることです。

　たとえば，先ほどガードレールは領域性を高めると言いましたが，せっかくガードレールを設置して領域性を高めても，その両側の家の塀が高かったらどうでしょうか。家の窓から道路が見えないところでは，監視性が低いので，犯罪が起きやすくなってしまいます。つまり，犯罪者は，そこならだれからも見つからないと思い，いくら時間をかけても大丈夫だと思うわけです。これが，監視性が低いという状態です。

　公園も同じです。入りにくくしようということで，公園のまわりを全部植物で囲んだとします。たしかにそうすれば領域性は高まります。しかし，まわりを全部植物で囲んで，道路から中がまったく見えないというのでは，犯罪者はその公園に狙いを定めます。監視性が低いからです。欧米の公園はほとんどが，見通せるフェンスでまわりを囲んでいます。そうやって領域性を高めて入りにくくして，しかも道路から中が丸見えにして監視性も高めているのです。このようにして，領域性と監視性の両方を満たす公園をつくっているわけです。

　監視性は，昼と夜とで変わってきます。昼はたしかに監視性が高くても，夜になると監視性が下がる場合があります。たとえば，街灯が少ないところがそういう場所です。そういう場所では，すぐに街灯が設置できなければ，家の門灯を一晩中点けておく地域もあります。そうすると，その地域は非常に明るくなります。その地域一帯の門灯が全部点いている地域は単に監視性が高いだけではなく，その地域の縄張り意識がメッセージとして伝わってきます。これが心理的なバリアです。普通の人からは心理的なバリアはなかなか見えませんが，犯罪者にはこの心理的なバリアがよく見えるようです。

　この監視性も，今言ったような物理的な死角をなくすことだけではなく，そこに住んでいる人間の意識が大切になります。それを当事者意識と呼んでいます。つまりその地域で起こるさまざまな事柄を自分自身の問題としてとらえる

意識です。なぜならば，いくら見通しがよくても，見ようとしなければ見逃してしまうからです。ですから，見ようとする意識，地域への関心，当事者意識，これが必要になってくるわけです。

　最近，この監視性を高めるために監視カメラが設置され始めました。監視カメラを付けると，たしかに直後は犯罪発生率が下がります。しかし，それはあくまでも監視性のハード面，物理的な死角をなくしているだけです。問題はその後です。そこの地域の人が，「もうこれで大丈夫だ。監視カメラがあるからもうこの地域は安全だ」と思って，その地域で今までやっていた活動を全部やめてしまって，地域の絆を弱めると，監視性の心理面，つまり当事者意識が下がってしまいます。監視性の物理面の上昇と心理面の低下，そのプラスマイナス次第で，監視カメラを設置した結果，むしろ監視性が下がるということもあり得るのです。そうなると，下がった犯罪発生率は再び上がってきて，監視カメラを設置する前よりももっと犯罪が増えてしまうことになります。

　逆に，監視カメラの設置をきっかけにして，もっと地域の絆を強めて，いろいろな地域の活動を行なうようになった地域では，物理的な監視性が高まるだけでなく，当事者意識も高まりますから，監視性の上昇が確実なものになります。それによって，下がった犯罪発生率も持続していきます。ですから，監視カメラという機械の目を生かすも殺すも，最終的には人間の目，地域の目であるということになります。

　このように，領域性にしろ，監視性にしろ，心理的な部分，縄張り意識や当事者意識が大事だという話をしてきました。逆に，縄張り意識も感じられない，当事者意識も感じられない地域とはどういう地域でしょうか。縄張り意識が感じられなければ，警戒心なく簡単に中に入ってきます。当事者意識が低ければ，簡単に最終的なターゲットに近づいてきます。そういうように，犯罪者に思わせてしまう地域はどういう地域でしょうか。

　それは，ゴミがたくさん落ちている，窓ガラスが割られっ放しになっている，落書きがたくさんある，空き家が放置されっ放しである，雑草が伸び放題である，タバコの吸いがらがたくさん落ちている，放置自転車がたくさんある，路上駐車している車がたくさんある，そういう地域です。

　なぜならば，縄張り意識も強く，当事者意識も強ければ，そういう状態が放

置されているはずがないからです。しかしそういう状態があちこちに見られると，犯罪者は，「この地域の人は自分たちの地域に関心がない」と思います。そう思えば警戒心なく入ってきます。そして，「自分たちの地域に関心がないなら，ここで犯罪を実行してもまず見つからないだろう。見つかっても，関心がない人ばかりだから，警察に通報したりはしないだろう。ましてや，途中で止めに入ってくる人はいるはずがない」。そう思って，安心して犯罪が実行されてしまうのです。

こういうことを主張するのが「割れ窓理論」です。ニューヨークではこの理論を導入して犯罪を半分にしたと言われています。アメリカだけではなく，ヨーロッパでもこの理論が今実践され，イギリスでは法律にまでなりました。

日本でも「割れ窓理論」的な発想が必要になってきました。たとえば，今，日本全国で問題になっている中心市街地の問題，商店街の衰退の問題が関係してきます。景気が悪いので商店街の中の店が1軒つぶれ，2軒つぶれ，シャッターがおりる。その時点では地域の人たちはまだ，「ああ，景気が悪いな」くらいです。そのシャッターにスプレーで落書きが書かれる。そのシャッターの前に粗大ゴミが平気で置かれる。でも，「何か汚らしい街になったな」。まだその程度です。しかしそれを見ている少年たちが，「ああ，この地域は落書きもできるぞ。ゴミも平気で捨てられるぞ」ということで，夜中にそこのシャッターの前にたむろして，酒を飲んだり，タバコを吸って大騒ぎする。でも，それにも，だれも関心を示さない。

となると，次に見ているのはプロの犯罪者です。「ああ，この地域の人は自分たちの地域に関心がないな。だとすれば，ここでひったくりをしようが，空き巣に入ろうが，まず安全だな，見つからないな，通報されないな，止められないな」と思って，その商店街が狙われるわけです。そうなったら，その商店街を立て直すのは大変です。最初の，シャッターに落書きが書かれた，ゴミが捨てられた，その段階できちんと対応しましょうというのが「割れ窓理論」です。

このように，「割れ窓理論」は，縄張り意識とか当事者意識，もっと簡単な言葉で言えば地域への関心を高めることが，犯罪を防ぐのに非常に重要であるという理論です。

しかし，「それはわかった。たしかにそうかもしれない。ではどうやったら

地域の関心を高められるのか」。そう思うことでしょう。これが次の問題です。防犯の講演会などに参加している方々が地域に関心があるのは十分わかります。問題は地域に無関心な人たちです。そういう人たちも巻き込んでいかなければ，領域性や監視性を高めることはできません。一部の人たちががんばっているだけでは無理があります。どうすれば，地域の安全に関心がない人たちにも関心をもってもらえるのか。これが大問題です。

地域安全マップづくりのすすめ

　私がそういう疑問に対していつも提案しているのは，地域安全マップづくりです。地域安全マップは，犯罪が起こりやすい場所を洗い出して地図にしたものです。先ほどの言葉で言えば，領域性が低い場所と監視性が低い場所を，住民が自分で街歩きをしながら発見して地図にしたものです。この活動を行なうと，地域への関心が急速に高まります。これはだれでもできます。老人会，町内会，PTA，婦人会，だれでもどこででもつくれます。

　しかし，一番地域への関心を高める方法は，学校で地域安全マップづくりをすることです。学校の正規の授業の中で，子どもたちに地域安全マップをつくらせる。これがコミュニティー再生，地域再生の切り札になります。言葉を換えれば，これは子どもを利用した大人の関心の引きつけです。子どもを使って無関心な大人を引っ張り込もうというのが，この子どもによる地域安全マップづくりの目的の1つです。

　この活動を行なうと，子どもの安全も急速に高まります。子どもの安全対策はいろいろと行なっていますが，非常に奇妙な現象が起きています。おそらく皆さんの地域でも，子どもには学校が防犯ブザーを渡したり，進んでいる学校では1年に1回ぐらい警察官が来て護身術を教えたりしています。しかし，それらはすべて抵抗性の手法です。犯罪者が子どもの目の前に来たときに，どうやってそれを押し返すかということです。防犯ブザーにしろ，護身術にしろ，すべて抵抗性を高めるものであり，最後の手段なのです。最後の手段ですから，

こうしたものは使わないのが一番よいのです。

　だとすれば，なぜ使わなくてもいい地域づくりをしないのでしょうか。なぜそういうまちづくりをしないのでしょうか。地域は危ないところだらけ，つまり簡単に犯罪者に領域を突破され，子どもに近づけておいて，「近づいたら，これ使ってね」と防犯ブザーを渡しているようでは，大人としてはあまりにも無責任ではないでしょうか。

　じつは，日本人は，昔はきちんとこの領域性，監視性を高めることをやっていました。たとえば，お殿様の守り方が典型です。お殿様を守るためには，まずお城をつくります。お城は，この領域性，監視性がよくできています。お堀は領域性です。お堀も，外堀，中堀，内堀と3つぐらいつくる。それから石垣も領域性です。それから，お殿様のいる本丸まであっちに行ったり，こっちに行ったりしてようやくたどり着けるような道にしています。石段も1歩半の間隔でつくってあるそうです。1歩でつくると駆け上っていけますが，1歩半だと，走って上ろうとしても，うまく駆け上がれません。そうやって領域性を高めていたのです。しかも，本丸，天守閣からは全部見渡せて，監視性も高いのです。そうやってお殿様を守っていたわけです。

　今，私たちが子どもの安全について行なっていることは，もし昔で言えば，お殿様のためにお城はつくらないで，お殿様に刀を渡して，「敵が攻めてきたらこれを使ってください」と言っているのと同じことです。防犯ブザーだけ渡して満足しているというのはそういうことです。なぜ地域のお城をつくらないのでしょうか。そして，子どもたちにもお城の概念を教えて，お城の中にいれば防犯ブザーも護身術もいらないことを伝えるべきではないでしょうか。問題は，どこにお城があって，どこにないのかです。それを見極める力をつけさせるのが地域安全マップづくりです。

　子どもたちは，自分たちで歩きながら，領域性と監視性が低いところを探します。この領域性と監視性という言葉は，子どもにはちょっと難しい言葉なので，領域性は「入りやすいか入りにくいか」，監視性は「見えやすいか見えにくいか」と教えます。つまり，危険な場所は，「入りやすい場所」と「見えにくい場所」です。子どもたちは，入りやすくて見えにくいところを一生懸命探します。そのプロセスの中で，自分の頭で考えながら，どこが危ないか，どこ

に犯罪者が現われやすいかを学んでいきます。

　こうして，犯罪が起こりやすい場所がわかれば，そこに行かないのが最大の防犯対策になります。でも，どうしてもそのような場所を歩かなければならないときでも，今度は，子どもたちは危ないと自覚していますから，友達と一緒に歩いたり，親に迎えに来てもらったりすることができるはずです。さらに，どうしても1人で歩かなければならないときでも，そこは犯罪が起こりやすいということがわかっているので，まわりにいつも気をつかい，注意力をアップし，スキを見せないようにして，犯罪者に犯罪の機会を与えないようにして歩くことが期待できます。

　非常に不思議なのは，そういうことを学校では教えてきませんでした。防犯ブザーを渡して，それで終わっていたのです。そこには，教育という視点がなかったのです。

　話をもとに戻して，先ほどの関心の話ですが，子どもは家に帰って親に話します。「この前，地域安全マップづくりで街歩きしたけど，この近所でも危ないところがたくさんあったよ」と言うと，親も「本当にそうなの。この地域は安全じゃないの。今度，一緒に見てみようか」ということで，自分で見てみると，たしかに犯罪者が現われそうな場所もあることに気がつきます。こうして親たちの関心も引きつけられるようになるのです。

　それから，子どもたちが「地域安全」と書いた腕章をつけて街歩きをすると，地域の大人たちがその光景を見ます。そうすると，「あれはいったい何をやっているのか」「地域安全マップだってさ」。子どもたちでも一生懸命地域のために活動している姿を見て，「おれも何かしなくては」「私にもできることがあるかもしれない」。こうして，大人としての責任に気づき，地域を動かすことにつながっていくのです。子どもには，地域を動かす力が備わっているのです。

　さらには，子どもたちが街歩きをすると，いろいろなことを発見します。いつもぼうっとして歩いていた道も，「入りやすいところはないかな」「見えにくいところはないかな」と探していると，見えなかったものも見えてきます。地域のことを知れば知るほど自分の地域が好きになってきます。地域の人たちにいろいろとインタビューをすると，親しい大人も増えていきます。

　今，各地では声かけ運動やあいさつ運動が行なわれています。しかし，今ど

きの子どもに，大人に「あいさつしなさい」と言っても無理なところがあります。さらに，「大人にあいさつしなさい」と言いながら，「知らない人は無視しなさい」とも教えています。子どもはどっちを選んだらいいのかわかりません。ですから，まずは顔見知りをつくることから始める必要があります。しかし，それをいきなり子どもに要求するのは無理です。ですから，学校で強制的に，まずは街へ行って話を聞いてきなさいとやるのです。子どもはしぶしぶ街へ出るかもしれませんが，話を聞いてみると，「あそこにはおもしろいおじさんがいるよ」「あのおばさんはとっても優しいな」。そうやって顔見知りになると，今度街で会ったら，自然に，「この前はどうもありがとうございました」と言えるし，大人のほうも，「この前のマップはできたの。見たいな」と，自然に会話が弾んでくる。そういう関係をつくっていくのも，マップづくりの目的です。

　そうすると，子どもたちは，地域安全マップは危ないところを探すはずだったのですが，地域には自分たちを守ってくれるおじさん，おばさんがたくさんいることに気がつきます。ますます自分の地域が好きになります。そうやって自分の地域を好きになった子どもたちが，やがては地域のリーダーに育っていくのです。そうすれば，その地域はますます犯罪に強くなります。

　このように，地域安全マップづくりは，短期的な子どもの安全だけではなく，その地域全体を犯罪に強くするという壮大なスケールをもったプロジェクトなのです。とくに，いわゆる新住民と旧住民の交流がないため，効果的な地域安全の対策が進められない地域でも，地域安全マップづくりは効果を発揮します。新住民の子どもも，旧住民の子どもが通っている小学校，あるいは，旧住民自身が通っていた学校に通っているので，地域安全マップづくりに取り組めば，新住民と旧住民の交流のきっかけづくりにもなるからです。ぜひ，皆さんの地域や学校でも，このプロジェクトを導入していただきたいと思います。

予防に勝る治療なし

　このような事例がありました。街に非常に汚い公園がありました。でも、その後、まわりの住民が役所にかけあって、きれいな公園になりました。この住民パワーが「割れ窓理論」の実践です。自分の地域のことを一番知っていて、一番直したいと思っているのは、じつは地域の住民なのです。
　こうして地域が改善されたのは、犯罪機会論的な対応をしたからです。つまり、その公園で犯罪者を捕まえたから公園がよくなったわけではありません。この発想の違いが非常に重要な点です。
　今年、佐賀県鳥栖市で、子どもの連れ去り犯を捕まえたら警察官だったという事件がありました。地域は非常にショックだったようです。本当は安全対策の中心になるべき人がじつは犯罪者だったということで、地域はどうしたらいいのだろうとパニック状態になったようです。しかし、犯罪原因論的な発想に縛られているから、こういう反応を起こしてしまうのです。犯罪原因論は、犯罪者の人格や犯罪者の境遇に注目しますから、いつも犯罪者をイメージします。だから、自分がつくったイメージとまったく違う犯罪者が現われると、「まさかあの人が」という話になってしまうわけです。
　たとえば、子どもの連れ去り犯だと、いつも、サングラスやマスクをしているような人をイメージしますが、そんな連れ去り犯はほとんどいません。空き巣対策のチラシをつくると、唐草模様の風呂敷を背負って、手ぬぐいでほおかぶりをしている泥棒を描きますが、今どきそんな泥棒はいません。しかし犯罪原因論ではどうしても特定の犯罪者のイメージをつくりたがってしまうのです。
　しかし、犯罪機会論は、場所で守る、地域で守るということですから、犯罪者はだれでもいいのです。外国人であろうが、暴力団であろうが、少年であろうが、警察官であろうが、学校の先生であろうが、そういうことには関心を示しません。とにかく地域を犯罪に強くさえすれば、どんな犯罪者だろうがその場所では犯罪を起こしにくくなるというのが、犯罪機会論です。
　パトロールについても、その多くが、まだ犯罪原因論的なパトロールを行なっています。つまり不審者探しのパトロールです。犯罪者に注目して活動をし

ようとすると，こういうことになってしまいます。不審者探しのパトロールは，いつも不審者がいるわけではないので，「この地域には不審者はいないぞ，安全じゃないか」ということになり，せっかく盛り上がったパトロールがすぐにしぼんでしまうことにもなりかねません。

逆に，何らかの成果が欲しいので，犯罪者ではない人を不審者扱いして，「不審者を発見した」とアピールすることも起こり得ます。たとえば，外国人，ホームレス，知的障害者などが不審者扱いされています。これは差別です。ですから，犯罪原因論的なパトロールは避けるべきパトロールです。

機会論的なパトロールは，ちょっとした地域のほころび，それは，物理的な部分もありますし，心理的な部分もありますが，それを見つけて，それを直していくためのパトロールです。たとえば，街灯が少ないところが見つかれば，「街灯をつけよう」という具合です。「町内会に働きかけてみよう」。しかし，「町内会もお金がないらしい。困ったな。では行政にかけ合ってみよう」。「行政もお金がない。困ったな。これでは付けられない。そうだ，どこか企業でお金を出してくれるところがあるかもしれない。どういう企業があるのか探してみよう。そこにちょっと当たってみよう」。こういうふうに，活動が発展していくのが犯罪機会論的なパトロールです。欧米では，このようなパトロールを，問題解決型のパトロールと呼んでいます。1つひとつ地域の問題を解決していけば，1歩ずつ地域を犯罪に強くしていくことができるのです。

最後に，地域安全マップづくりについての注意点をお話しします。地域安全マップづくりには，いろいろな効果がありますが，注意していただきたいのは，地域安全マップは，犯罪が起きたところを書くものではなくて，起こりやすいところを書くものであるということです。これを間違えている学校や地域がかなりあります。犯罪が起きたところを書いて，それで満足してしまっているようです。ところが，次の犯罪は，犯罪が起きたところでまた必ず起こるのでしょうか。そんな保証はどこにもありません。子どもは単純なので，起きたところを丸暗記させると，それ以外のところでは注意しなくなります。どこでも起きる可能性があるという前提で，起きたところを暗記するのではなく，起こりやすいところを発見することが大事なのです。

それから，たとえば自分の学区で犯罪が起きたところを子どもが丸暗記して

も，その子は転校しないのでしょうか。遠くの繁華街には行かないのでしょうか。自分の地域のところを丸暗記しただけでは，転校したり，遠出したら，もう使いものになりません。知らない場所に行っても危ない場所を見極める力をつけるためには，起きたところではなく，起こりやすいところを探す必要があるのです。

　さらに，これは実際にあった話ですが，犯罪が起きたところを探すために，どこで被害に遭ったのかを，子どもに聞いてしまった学校があります。子どもは素直に自分の被害体験を話してしまい，家に帰って，学校のマップづくりで被害体験を聞かれたことを親に話しました。翌日，その親は，学校に電話してきて，「せっかく忘れかけていた子どもの被害体験をどうして思い出させたのか。昨日，うちの子はうなされて夜眠れなかった」と訴えました。そういうことが実際にあったのです。

　被害体験は子どもにとっては大きなトラウマ，心の傷です。それを広げるようなことを学校や大人がしてはいけません。子どもに被害に遭わない力をつけたければ，起きたところを丸暗記させるのではなく，起こりやすいところ，つまり，入りやすく見えにくい場所に気づく能力を身につけさせてあげてください。そうすれば，子どもの被害防止能力は高まります。その点を間違えないようにしていただきたいと思います。

　もちろん，「変な人がいました」「変なおじさんに注意しましょう」といった不審者マップも防犯効果はありません。正しい地域安全マップには人は登場しません。地域安全マップの基礎にある犯罪機会論は，場所だけに関心を示すからです。

　これまで，犯罪機会論の話をしてきました。どんなに小さくてもいいですから，犯罪の機会を1つひとつ潰していくことが犯罪を防いでいくという話です。

　こういうことは医学の世界ではあたりまえになってきました。たとえば，生活習慣病。「お酒の飲み過ぎには注意しましょう」とか「野菜をたくさん食べましょう」とか，ある意味，ささいなことばかりです。でも，そのように注意することが，人間を死に至らしめる病気を防ぐというわけです。「予防に勝る治療なし」ということです。

　犯罪の世界もまったく同じです。どんなに小さくてもいいから，犯罪の機会

を1つひとつ潰していくこと。それが巡り巡って，大きな犯罪さえも防ぐというわけです。こうした考え方のことを欧米ではベルベットグローブとアイアンフィストと呼んでいます。ベルベットグローブは柔らかい手袋，アイアンフィストは鉄のこぶしです。鉄のこぶしのまわりに柔らかい手袋をはめているイメージです。

　鉄のこぶしは，凶悪犯罪，国際犯罪，サイバー犯罪，組織犯罪，暴力団犯罪です。この部分は警察にしかできないので，警察に担当してもらいます。しかし，そのまわりのベルベットグローブは，日常生活，生活習慣において犯罪の機会を1つひとつ減らしていくことです。これであれば，住民と行政が一体になって取り組めることがたくさんあります。このような考え方が，これからの日本にとっては必要になってくると思います。

文献

小宮信夫　2005　犯罪は「この場所」で起こる　光文社新書
小宮信夫　2005　地域安全マップ作製マニュアル　東京法令出版

② 明るいまち,明るい人づくり
——明るい人は明るいまちをつくる

● 野口　京子
（文化女子大学教授）

専門は健康心理学。保健学博士。日本健康心理学研究所所長,日本健康心理学会常任理事を兼任。主著に『健康心理学』（金子書房）,『ストレスによく効く癒しの処方箋』（河出書房新社）,『変化対応力入門』(共著,ダイヤモンド社）などがある。

「安全・安心まちづくり」の活動が地域で継続し成功するためには,どのような要素が必要になるのでしょうか。明るいまちをつくるために,実際に,どのような人たちが地域リーダーとして活動すればよいのでしょうか。ここではボランティア活動を心理学の視点から考えてみます。

3つの力と7つの方法

変化に対応しながらある活動を維持するために必要な3つの力と,新しい行動を起こすときや行動を変えるときに役立つ7つの方法を紹介しましょう。

◆3つの力
(1) 環境や制度の変化にひるまず,それをよい機会ととらえて課題に立ち向

かっていく力

　変化(人間関係,仕事の構造,地位,社会環境,人々の価値観などの)を読み取り,目標を設定し,自己を点検し,行動計画を立て実行する力が必要です。また,活動のプロセスで,状況や環境の変化,反対する人々などいろいろなことが生じますが,それに対して,どうすれば協力してくれるか,何を変えればよいのかと考えたり,そのような難題・課題を,「これは新しい方法を見つけ,向上するよい機会だ」ととらえて立ち向かう気持ちが必要です。

(2) 新しいことに取り組むときに発生するさまざまな障害を乗り越えていく力

　変化にともなって人や課題,役割,環境などから発生するさまざまなストレスに耐え,それを乗り越えていく力が必要です。ストレスフルな出来事を乗り越える具体的な方法を自分に取り入れ,障害を乗り越えていく意気込みが必要なのです。

(3) 課題達成に向けてひとりよがりにならず,物事を進めていく力

　人の意見に耳を傾け,孤立せずに物事を進め,柔軟性をもち,社会的学習をする力が必要です。利害関係の対立なども配慮し,自分にとってだけではなく,その地域全体にとって,これがよいものかどうか判断する力や学習能力も必要になります。

◆7つの方法

(1) 動機を高める

　行動を起こすときには,動機を高めます。たとえば,自分たちのまちを自分たちで守りたい,犯罪を減らしたい,それに自分がかかわってみたい,というように目標に向かうための自分の中の温度,つまり気持ちを高めるということです。

(2) 環境を整える

　目標が達成できるように物理的,心理的,社会的な環境を整えることです。活動するために必要な人員,道具や資料の整備,アンケート調査なども含みます。

(3) 抑制を弱める

　「……してはいけない」と心を縛っているものを取り除き,その行動を起こ

しやすいようにします。たとえば，子どもたちを守る夜のボランティア活動に参加したいと思っても，主婦の夜の外出には暗黙の規制があります。しかし団体で行動し，活動の成果が大きくなれば，批判する人も少なくなるし，女性が夜外出することに対する縛りもほどけるでしょう。

(4) 教示をしてもらう

目標を達成するための方法を他者に示してもらうことです。たとえば，「……するとよいボランティア団体をつくることができる」「区役所へ行ってこういう届け出をするとよい」「警察署でこのような許可をもらった」というようにやり方を教えてもらうことによって，地区で活動団体ができ上がります。

(5) モデリングする

めざす行動を行なっている人や団体を見てそのやり方を真似てみます。たとえば，「隣のまちでは，こういうボランティア活動が動いているそうだ，ではちょっと見にいこうか。皆，たすきをかけて，目につくように防犯パトロールと書かれたジャケットを着て，清掃をし，違法ポスターをはがしていた」と実際に目で見ます。あれなら私たちのまちでもできるというふうに，モデルを見て，そして始めるという方法です。

(6) 試行錯誤する

いろいろな方法を試してみてよい方法にたどり着くということです。たとえば，「小学校の付近で，連れ去りや，子どもに声をかける変な人が出没しているそうだ。何とかして親の力で子どもを守れないだろうか。学校の登校時間に私たちが出て見てみよう。でも，朝の時間は忙しいから難しい。グループを決めて3班か4班に分けて交替制にしようか。やってみよう」。実行してみてうまくいかなかったら別の方法でと，1つの課題に対して試行錯誤しながら取り組んで，最適の形ができていきます。

(7) 強制される

行動について命令や指示されることです。たとえば，この地区にこのようなものをつくってくださいという住民からの強い要望，防犯協会に警察からきた依頼などのように，どこかから指示されて，1つの団体ができ上がることもあります。

ボランティアをする人たち

ボランティア活動継続の要素には以下の3点があげられます。
① 活動内容：自分にあったもの，無理のないものであること。
② 集団性：グループのつくるコミュニティーの魅力を感じるようになる。
③ エンパワメント：他者への活動を通じて自分自身も力を得る。

また，ボランティア活動の結果得られたものとして以下の点があげられます。
① 人や地域に貢献しようという気持ちが芽生えた。
② 日常生活の中で人との対応が好ましい方向に変わった。
③ 活動そのものが楽しめた。
④ 自分にできることで社会とかかわり，人の役に立つことができた。
⑤ 気持ちの充足感が生まれた。
⑥ 自分を再発見し，成長することができた。
⑦ 自分の知識，経験，技術を生かすことができた。
⑧ 人に喜んでもらえてうれしかった。

◆ **ボランティア活動にとって必要な資質**
　次に，ボランティア活動をする人たちにみられる好ましい資質を考えてみましょう。
(1) ソーシャルサポートをする人
　ボランティア活動は，ソーシャルサポート（社会的支援）の考え方を基盤にしています。
　自発的な援助活動の意味をもつボランタリズムは，「自分から行動を起こし報酬を求めずに人のためにやる」という自発性，無償性，利他性が特徴でしたが，現在は，自発性には先駆性，無償性には補完性，利他性には自己実現性が加えられています（図2-1）。
　たとえば，安全・安心まちづくりの団体の活動では，警察だけでは見まわれない部分，市町村だけでは監視できない，間に合わない部分を，「人に先駆け

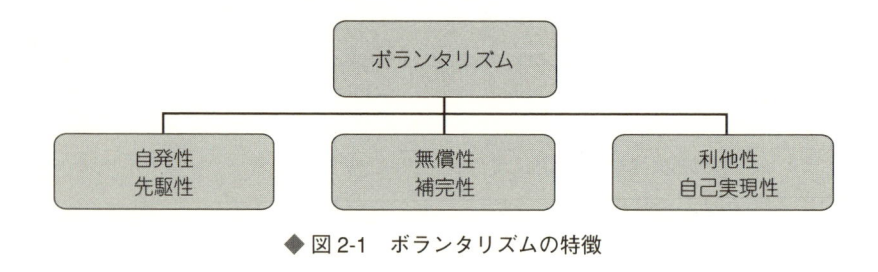

```
                    ボランタリズム
        ┌───────────────┼───────────────┐
      自発性           無償性           利他性
      先駆性           補完性           自己実現性
```

◆ 図2-1 ボランタリズムの特徴

てこのボランティア団体の力で補っていく」意味をもちます。そして，人のためにやるのだけれど，じつは自分のためにもなっている活動であるということに気づき，「自分の力がこんなところで生きている。人のため，まちのために始めたことだけれど，やっているうちに自分の中でいろいろな変化が起きてきた。今はよい気分で自分のためにもこの活動をしている」という気持ちを味わい，それによって人とのよい交流が増え，また，歩くことによって健康になるということも含めて，自分の力を非常に強く感じるのです。

(2) 明るいコミュニケーションをする人

「よい対人関係」は「よい交流」つまり「よいストローク」から始まります。人と明るいコミュニケーションをする人，これがリーダーの資質でしょう。明るいコミュニケーションとは，団体の人たちの内部で明るいコミュニケーションがあること，そして団体と地域の人たちとの明るいコミュニケーションがつくられること，つまり団体内と外とのコミュニケーションを含みます。コミュニケーションの理論から，ボランティア団体にとって明るい，やさしいコミュニケーションの形をみてみましょう。

・肯定的ストロークのやりとり

人には言葉だけではなく，笑顔も眼差しも伝わっていくので，まちを明るくしていこう，安全を守っていこうとするリーダーの方たち，地域を回っている団体の方たちが，肯定的ストローク——言葉とともに伝わっていく温かい風のようなもの——を互いにやりとりすることが大切です。相手に伝える温かい言葉と気持ちと動作。たとえば団体の中では，「今日は来てくれてご苦労さん」「今日も一緒に回りましょう」という言葉であり，外に対しては，歩いている人と

すれ違ったときの「大丈夫ですか」「気をつけて」「こんばんは」のあいさつなど。一番基本的なコミュニケーションであるあいさつが、どのぐらい交わされているか数えてみましょう。相手に伝える温かい言葉や気持ちや動作がどんどんまちの中で増えていき、明るいコミュニケーションにあふれているということが望ましいのです。

- **相補交流**

相手の求めている言葉をこちらが発信できること。基本的に、家庭の中でも隣人とでも、人間関係の中でやさしいよい感じの交流があればよいでしょう。求めているところから求めるものが返ってくる。「いいお天気ですね」と言ったら「本当に今日はいいお天気ですね」という言葉が返ってくる。そのようなコミュニケーションが非常に大事になります。

- **リーダーシップ**

ボランティア活動には、多くの場合それを引っ張っていく人、まとめていく人、つまりリーダーが存在します。リーダーシップとは、参加しているメンバーに変化を起こす影響力が発揮されることであり、おもに2つの型が見られます。

まず、団体の中で、こうしよう、ああしようと意見や指示を出し、三角形のピラミッドのトップに位置するのが専制型リーダーシップです。よい方向へ人をどんどん引っ張っていく人がリーダーになる場合、専制型は、任せて安心、信頼できるという利点があります。

これに対して、メンバーが同じようなレベルに位置し自由に意見を出し合うことができるようにして、メンバーの態度や行動を見ながら、それぞれの意見を知り、その団体が進む方向をめざして動かしていくのが民主型リーダーシップです。専制型に比べれば、メンバーが意見を出しやすい雰囲気になり、多数決などの民主的な方法で進めていくことになります。

団体にとっては、どちらの型も有効です。1つの団体で会長、副会長がそれぞれの型であるような団体もあります。

(3) 自分の資源を点検できる人

自分がどのような仕事、作業に向いているか、何が苦手か、自分が何にかかわれるかという自分自身の力や傾向を点検し、それを知っていることが必要で

す。日常の活動の中で，行動を動機づける要素となる自分のパーソナリティの傾向を把握することで，人や物事に向かう正しい姿勢をつくることができます。

目標達成のために用いられる有形，無形の資源を知ることも大切です。

自分たちの団体に足りないものがあればそれを調達してくることも必要になります。

(4) 自己効力感の強い人

自己効力感というのは，自分がやろうと思っていることは必ずできるに違いないという，自分に対する信頼や確信，肯定的な感情をもつことで，実現可能性に関する信念と感覚です。自分の行為によって望ましい効果を生み出すことができると信じることによって，そう行動しようという気持ちになります。この信念は，その人の選択，願望，努力，逆境からの回復，ストレスや抑うつを乗り越えるときに影響を与えます。

自己効力感が強い人は，成功のシナリオを描き，物事を成し遂げます。個人の目標設定は，能力の自己評価に影響されるので，自己効力を強く認識するほど，より高い目標を自分で設定して挑戦します。自己効力に疑問をもっている人は，失敗のシナリオを描き，多くの事柄が悪い方向へ進むのではないかと考えます。重い負担がかかった困難な状況を処理していくような任務に直面すると，考え方は揺らぎ，意気は低下し，作業の質も悪化していきます。

大人も子どもも皆が自己効力感を育てていくと，それぞれの人が前向きになり，勉強でも，会社の仕事でも，そして社会生活でもどんどん力を発揮していくことができます。この自己効力感は以下のようにして育てていくことができます。

① 自分で実際にやってみて直接成功体験を重ねる。

日々の生活の中で，小さなことでもよいから努力が必要な，ただし難し過ぎると挫折の体験になってしまうので，少し難しい課題や目標を掲げて，それをやってみます。そこで，成功したという体験を味わいます。そうすると，あのときもできた，このときもできた，ずっとやってきたという体験が頭に残ります。そうすると，何か新しいことに出会ったときにも，自分はきっとできるに違いないという気持ちになるのです。

② 他人の成功や失敗のようすを観察することによって自分もできるように

なる。

自分のしたいことを実践している人を見ながらそれをモデルにして，あの人にできるなら，たぶん自分もできるに違いないと模倣しているうちにできるようになります。自分たちと同じサイズの団体，グループがあれだけの効果を上げているのなら，自分たちにもできるに違いないと思って進めていくうちに活動は軌道に乗っていくのです。

③　やればできると他人から励まされ説得されて実践し，できるようになる。たとえば「あなたならこの大学は受かる」「あなたならこの跳び箱を跳べる」「あなたならもっと速く走れる。タイムが伸びる」。こういうように，コーチ，親，先生など影響力のある人から励ましを受けることで，「できると言われたのだからできるに違いない」と考え，やっているうちにできるようになっていきます。

　ボランティアの活動で考えてみると，「自分たちのグループはこのまちを守ろうと思って結成したのであり，守っていく力があるのだ」と信じることです。歩きながらすれ違う人たちからの「ありがとう」「ご苦労さまです」「本当に助かります」という言葉も励ましになります。「電球が切れている電柱はないかな」「暗い茂みは子どもたちが通っても大丈夫かな」と，そうやって歩いていく日々の努力が，自分たちのまちを守る，自分たちにそれができるに違いないという気持ちになり，その信念をもって再びまちに出ていくのです。

　ボランティア活動をみていると，個人の効力感は，「自分たちのまちは自分たちで守ることができる。目標を達成することができる」というグループ全体の効力感の強化となっていくようです。

(5) 柔軟なストレス対処をする人

　ストレッサーというのは，ストレスを引き起こすもので，私たちに対して圧力をかけてきます。それは自分にとって害を及ぼすのか，それとも大丈夫か，私たちは一瞬のうちに判断します。「これは大丈夫だ，あるいは，よいことだ」と受け止めると，悪い影響は生じません。「このストレッサーは自分にとって有害だ，何とかしなければ大変だ」というときに，私たちは対処という行動をとります。

　じょうずに対処できないと心身症になったり，校内暴力，家庭内暴力などの

問題行動に移る場合もあります。ストレスに強くなるにはどうすればいいのでしょうか。社会の中でも家庭の中でも，個人でも集団の中でも，個人の資質を高めるために柔軟なストレス対処をする必要があります。たとえば，ストレスはグループの中の人からも生じます。課題からも生じます。役割からも生じます。もちろん環境からも生じます。さまざまなストレスに対処し，じょうずに乗り越えていくことは，それぞれの人の行動や考え方を変えていくということで可能になります。

おそらく，リーダーは，いろいろ苦労しながら活動を進めていくこともあるでしょう。団体の活動もいつも平穏な道ばかりあるわけではなく，人から邪魔されたり，本当に必要な活動なのだろうかと虚しくなることもあるでしょう。それらをもしストレスとしてとらえた場合には，リーダーには自分が消耗しないように対処していく，つまりストレス耐性が必要となります。ストレスを乗り越えるためには，ストレスのメカニズムを知り，ストレスフルな出来事を受け止める対処法の選択肢を増やしていくことが重要です。つまり，時と場合に応じて適切なストレス対処ができるように，使える型のレパートリーを増やしていくことが望ましいのです。

ストレス対処の型には，次のようなものがあります。

① 計画型：問題の解決に向けて，計画的にさまざまな方法を用いて検討する型です。計画を立てて，あの場合には，この場合にはと着実にステップを考えていきます。
② 対決型：危険や失敗を承知で積極的に問題にぶつかる型です。物事に対峙する方法で解決します。
③ 社会的支援模索型：他人や専門家などの援助を求める型です。自分だけで解決しようとせずに助けになる人を探します。
④ 責任受容型：責任が自分にあることを自覚し，反省し，謝罪する型です。潔く引き受ける責任感をもって実行します。
⑤ 自己コントロール型：自分の感情や行動をコントロールする型です。自分の感情をコントロールしながら調和を保っていきます。
⑥ 逃避型：場合によっては問題から逃げる型です。食物，嗜好品などを用いてまぎらわします。

⑦　離隔型：自分と出来事の間を切り離し，距離を置く型です。時間が解決することもあるので，それまで問題から遠ざかります。

⑧　肯定再評価型：困難を解決するプロセスを高く評価する型です。困難な時期を乗り越えれば，あとは実りが出てくるだろうと，今やっている苦しいことを，その後の成長に結びつけます。

(6) 心を強くする考え方をする人

　自分の計画がうまくいかないときに，「自分はだめだ」と思わずに，「自分がだめなのではない」と思い直し，柔軟な受け止め方，心を強く保つ考え方ができるようになることが必要です。私たちは，「何かしなければならない」「○○すべきだ」と考えて物事を始めますが，それが思うように進んでいないと，途中でイライラしたり，自分に対する自信をなくしたり，活動自体が意味のないものとさえ思ってしまうことがあります。

　心を強くする考え方というのは，たとえば，「私たちの団体の活動で，1年以内に犯罪を絶対に半分に減らすのだ！　……でも，達成できなかった」というときに，人によってはもうだめだとか，これをやったけれど効果がない，と思いがちです。そういうときには，「○○でなければもうだめだ」「こうでなければならない」という非常に強い思い込みに代わる言葉として，「こうなればいいな」と願う気持ちに切り替えます。「犯罪を半減させなければならないと思って半年たったが，結果をみたら全然減っていない。かえって犯罪が増えたような気がする。続けたほうがいいのだろうか，無駄なことだ」ではなく，「減るといいな，いつかは半分に減るだろうな」と思いながら，その活動を続けていくということが大事です。今，減ったという結果が出なくても，そのときが先に延びたのだと思えばよいのです。

　出来事に対する結果の感情は，その人の思い込みによって生じます。したがって思い込みや考え方を変え，理性的な考え方（目標に向かって前進していく考え方）を訓練することによって身につけていけば，自分の気持ちを害することなく，物事を進めていけるのです（以下のアルバート・エリスの理論を参照）。

アルバート・エリスの「ＡＢＣの枠組み」
　Ａ：出来事
　Ｂ：ビリーフ（その出来事についての考え方，受け止め方，とらえ方）
　　①非理性的ビリーフ（独断的な，目標達成を妨げる考え方）
　　②理性的ビリーフ（適切な，目標達成を妨げずに前進する考え方）
　Ｃ：感情・行動的反応の結果
ＡがＣを引き起こすのでなく，Ｂが引き起こす。Ｂを①から②へ変えれば，Ｃが変わる。

アルバート・エリスの「生き方についての13の示唆」
① 自己利益：他者の利益を守りながら，他者よりも自分の関心事をわずかに優先させる。
② 社会的関心：道徳心をもって社会的集団や共同体の中で生活し，楽しむ。
③ 自己指導：他者と協力しながら自分の人生に責任をもって進んでいく。
④ 高い欲求不満耐性：不快な状況でも，変えられないものは受容する。
⑤ 柔軟性：自分自身や他者の多面性や変化を受け入れる。
⑥ 不確かさの受容：世の中には絶対に確実なことなどないと，「不確かさ」を受容する。
⑦ 創造的な活動：没頭できるような創造的な興味や関心をもつ。
⑧ 科学的な思考：理性的，客観的，科学的に物事をみる。
⑨ 自己受容：生きているということだけで無条件に自分自身を受け入れる。
⑩ チャレンジ：無謀にではなく，失敗する可能性があっても新しいことを試みる。
⑪ 長期的な展望：即時的な満足にとらわれないで，現在と未来の満足を求める。
⑫ 現実的な努力：完璧な楽しみや幸福を求めるような非現実的な努力をしない。
⑬ 自己に対する責任：自分の自滅的な心理的混乱に対し，自分で責任をもつ。

◆ ポジティブな個人からポジティブな共同体へ

　物事のよい面をとらえる能力をもつ「ポジティブ」な人が集まると，ポジティブな共同体，団体，集団になっていきます。

　ポジティブ心理学は，従来研究されてきた不安，恐怖，怒り，攻撃などのネガティブな側面に目を向けるよりも，夢，愛情，希望，楽観性，ユーモア，微笑み，みんなで助け合う力などの側面に焦点を当てて，ポジティブな個人資源の開発とポジティブな共存の社会をめざす新しい心理学の流れです。このポジティブ心理学の姿勢を取り入れることによって，日常生活の中で，自律と自己実現という人生の質（QOL）の向上をめざすことができます。個人が明るく強くなっていくことで，その人が属している地域社会も明るく強くなっていきます。

　悪い部分を見つけて，それを直すという視点だけでなく，ポジティブなものを広げていくという方法も重視したいと思います。まちの中でも，悪い部分を見つけてそれを改善するのと同時に，明るいまち，安全なまち，楽しいまちの姿はどの部分に見られるか探し，その部分を広めていくのです。たとえば，暗い道，割れた窓，汚れている場所に対して，窓辺の花が美しい家，きれいに手入れされた垣根や植木，掃き清められた道などは，ポジティブな部分です。

　「ここは不安で危なくて防犯上最低の地域です」というよりも，「ここは安全で，みんなの目が行き届いています。"みんなの目は防犯カメラ"です。みんなが見ています。子どもたちが帰るときには，たとえ街灯が少し暗くても，何か声を聞けば，家の窓からすぐおばさんが顔を出しますよ」というのもポジティブな部分です。きれいなお花が咲いていれば，花を見る人の目が集まります。そうすると，そのあたりではやはり非行や盗みは起こりにくくなります。このようなプラスの側面を広げるように心がけていくのです。

◆ 関心のステージと行動の要因

　活動を始めよう，新しい団体を立ち上げよう，成功した団体と同じようなことを始めようというときに，対象となる人，呼びかける人たちが，今どのようなステージにいるか考えることが大切です。関心のない人，呼びかければ耳を傾ける人，一生懸命やろうと意気込む人，すでに始めている人など，いろいろなステージがあります。

たとえば防犯ボランティア活動の，犬の散歩と防犯運動が一緒になったワンワンパトロールを考えるときに，地域の犬の散歩をする人を観察してみましょう。犬の落としていくものをそのままにして平気で散歩させている人，今度からビニール袋などを持っていこうと考えている人，実際に小さなスコップとビニール袋を準備して出かける人，以前からそれを習慣化していた人。それぞれ関心のステージが異なるので，効果を上げるためには，対象にする人たちがどのステージにいるかを考えて方針を立てることが必要になってきます。

安全・安心まちづくりプログラムを立ち上げようとするときに，たとえば子どもの問題行動を防ぐための活動であれば，それを効果的に進めていくために，問題行動を起こしている次のような要因を考えてそれに対応することも必要です。

(1) 準備要因

対象となる人たちの頭の中を占めている考えのことです。たとえば，タバコを吸う未成年者の頭の中はどのような考えで占められているのだろうかとその要因を考えてみましょう。「タバコは吸ってもかまわない」「タバコはストレス解消になる」など，それが正しいか間違っているかではなく，今行動を起こしているもとになっている，準備されている考え方として取り出してみるのです。PTA の防犯活動として未成年者にタバコをやめさせる目的をもつ団体を立ち上げるならば，今，子どもたちは，喫煙についてどう考えているのか，彼らの頭の中を探ってみるのが準備要因を見つけることになります。

(2) 実現要因

行動を起こす要因のことをいいます。未成年者がタバコを吸い，お酒を飲むことを容易にしているのは，母親や父親が吸うタバコが家に常に用意されているからです。あるいは，子どもでもお金さえ出せば自動販売機で買える現状です。「未成年者はお酒を飲んではいけません」と言っても，喉が乾いたときに家の中で冷蔵庫をあければ冷えたビールがあるのではないでしょうか。それはその行動を起こさせてしまう，つまり実現要因です。

(3) 強化要因

行動を維持・継続させている要因です。ターゲットとする行動を起こしている人たちが，どのようなものに取り囲まれているかを考えてみましょう。タバ

コを吸う仲間と一緒にいれば寂しくないから吸う，同じ行動をとることで仲間意識が得られるからお酒を飲むなど，友人，環境などに関連した要因を見つけて，これを青少年の心の問題の背景と考えて対応を図り，その要因をなくしていくような活動が必要になります。

　個人の行為が同じ目的をもつ人たちの行動へ広がり，活動するときに出会う障害を乗り越えながら，受け手の求めるものにフィットしたサービスを実践する。そのためには，目標に向かう動機づけを高め，必要に応じて自分を自発的に変え，自分の力を最大限に発揮することが求められます。挑戦意識の高い組織には，自発的な意志に基づいて活動をしていく人と文化風土が大切です。活動のプロセスで強い感動体験を得ながら，自己効力感を高めることで，その活動は維持され向上していくのです。

　地域介入プログラムは，自己管理の原則をとり，地域につくられる組織が，社会構造や資源を有効に利用して社会変化を生み出し，問題を解決し，目標を達成していくものです。ボランティア活動も，自分たちが実践し，自分たちが管理をして，実際に地域の姿や人々の行動を変えていくものになっていくことが望まれます。

文　献

Bandura, A.　1995　*Self-efficacy in changing Society*. 野口京子（監訳）1997　激動社会の中の自己効力　金子書房
Berne, E.　1961　*Transactional analysis in Psychotherapy*. New York: Grove Press.
Ellis, A.　1994　*Reason and Emotion in Psychotherapy*. 野口京子（訳）　1999　理性感情行動療法　金子書房
Green, L. W., & Kreuter, M. W.　1991　*Health promotion planning: An educational and environmental approach*. 2nd ed. CA: Mayfield Publishing.
Lazarus, R.　1999　*Stress and Emotion*. 本明　寛・野口京子（訳）2004　ストレスと情動の心理学　実務教育出版
野口京子　1998　健康心理学　金子書房
野口京子・本明　寛　2000　「変化対応力」入門　ダイヤモンド社
Prochaska, J. O., & DiClemente, C. C.　1982　The transtheoretical therapy: Toward a more integrative model of change. *Psychotherapy: Theory, research and practice*, **19**（3），276-288.
Seligman, M. E. P.　2000　Positive psychology: An introduction. *American Psychologist*, **55**（1），5-14.

3 犯罪被害を防ぐには
――犯罪者の視点から

● 横田　賀英子
（警察庁科学警察研究所研究員）

専門は捜査心理学，犯罪心理学。人質事件の関係者の心理に関する研究や，犯罪者行動に基づく被疑者検索システムの実用化に関する研究などを行なっている。主著に『捜査心理学』（共著，北大路書房），『ファセット理論と解析事例』（共著，ナカニシヤ出版），『都市の防犯』（共著，北大路書房）などがある。

● 渡邉　和美
（警察庁科学警察研究所主任研究官）

専門は犯罪心理学，犯罪精神医学。現在は，凶悪事件の犯罪者プロファイリングや犯罪者の心理と行動に関する分析を中心に研究に励む。主著に，『日本の犯罪学』（共著，東京大学出版会），『捜査心理学』（共著，北大路書房），『犯罪者プロファイリング入門』（共編，北大路書房）などがある。

　犯罪の発生には，「潜在的犯罪者」「標的ないしは潜在的被害者（ターゲット）」「環境（場所）」の3要素が不可欠であるといわれています。この視点に立てば，犯罪被害を防ぐための防犯活動のためには，次のようなことが考えられます。
・潜在的な「犯罪者」が犯罪にいたる原因を取り除き，潜在的犯罪者を減少させること。たとえば，劣悪な社会環境が犯罪の原因になっているのであれば，そのような社会環境を改善することにより，犯罪を減少させること。
・「標的ないしは潜在的被害者」の抵抗性を高めること。たとえば，侵入窃

盗の被害に遭いにくい家屋づくりのために,「戸締りを完全にする」「窓ガラスを割れにくいものにし,面格子や雨戸をつける」といった対策をとること。

・犯罪を誘発する「環境」をつくらないこと。具体的には,潜在的な犯罪者に,「犯行を行ないにくい」と思わせる環境を設計すること。

しかしながら,現実場面における防犯活動を考えるうえでは,これら各次元の交互作用を検討することも必要です。たとえば,「犯罪者」がどのようにして「被害者」を選択しているのかを知ることにより,標的ないしは潜在的被害者の犯罪に対する抵抗性を高めることが可能となります。もしくは,犯罪を誘発しない「環境」設計のためには,「犯罪者」が「環境（場所）」をどのように認知し,どのような場所で,どのような時間帯に犯行を行なう（もしくは,行なわない）傾向があるのかを検討することが必要です。すなわち,犯罪者の視点を考えることで,潜在的に犯行に遭うリスクの高い被害者,場所を推測することが可能となります。それによって,より具体的で実効性のある防犯対策を講じることができると考えられます。

一般に,犯罪については,事実と異なる偏見が存在しています。たとえば,強姦事件については,表2-1に示すような,事実とは異なる偏見（「強姦神話」）が世間一般に存在していることが指摘されています[★1]。

ここに示されるように,強姦事件の被害者に関しては,

◆ 表2-1 「強姦神話」の例

① 強姦は,性的欲望に基づく犯罪である
② 強姦の大半は,真夜中以降に屋外で起きる
③ 強姦は,見知らぬ人間によって行なわれることの多い犯罪である
④ 女性は,男性に報復するために強姦の被害を訴える
⑤ 女性は,密かに強姦されることを望んでいる
⑥ 挑発的な服装が,強姦被害を招く
⑦ 若く,魅力的な女性が強姦の被害に遭う
⑧ 絶対に強姦されない女性もいる
⑨ 強姦犯は,外見からして普通の人とは異なる
⑩ 強姦の被害者は,泣き叫んだり,傷だらけだったりするものだ

- 挑発的な服装が強姦被害を招く
- 若く，魅力的な女性が強姦の被害に遭う
- 絶対に強姦されない女性もいる

といった考えを多くの人がもっています。しかしながら，実際に被害に遭った人々をみてみると，これらの考えが必ずしも正しくないことがわかります。たとえば，強姦の被害者の多くはたしかに若年齢層の女性ですが，高齢者が被害に遭うこともあれば，小学生が被害に遭う事件も少なくありません。一般の人々が，自分自身や他者の行動の原因に関してもっている理論は，科学的理論と対比して「しろうと理論」と呼ばれています。犯罪被害に関する「しろうと理論」では，人々は，被害に遭った非を被害者に求める傾向がありますが，事実は異なることが多いことが指摘されています。[★2]

また，犯罪者に対するイメージも，実態と乖離している場合が少なくないことも指摘されています。犯罪者に関する「しろうと理論」では，多くの人々が，犯罪者には特有の性格特徴があり，個人特性や個人差が犯罪の主要因であると信じています。しかしながら，ドラマとは異なり，犯罪者は必ずしも「犯人らしい」風貌や風体，態度を示すわけではありません。[★3]たとえば，子どもを対象とした犯罪の加害者は男性とは限らないし，成人とは限りません。

したがって，パトロールなどの防犯活動を行なう際には，よりリスクの高い地域，被害者，時間帯などを正確に把握し，それらをふまえて活動内容を検討する必要があるでしょう。このことを念頭に，ここではおもに次の2点について検討し，最後に，それらをふまえた防犯対策について，考えていきたいと思います。

① 犯罪者は，どのようなヒト（もしくはモノ）を犯行対象として選択する傾向があるのか
② 犯罪者は，どのようにして，犯行場所を選択し，被害者に接触し，犯行を行なう傾向があるのか

犯罪者による犯行対象の選択プロセス

　具体的な犯罪実態についてご説明する前に，犯罪者がどのようにして犯行対象を選択するのかについての理論について紹介したいと思います。
　たとえば，自分が仮にひったくりをしようと決めたら，どこに行くでしょうか。どの時間帯に，どのような人をひったくりの対象として選ぶでしょうか。普段，犯人の立場に立って考えるということは，あまりないと思いますけれども，自分が犯人になったつもりで考えてみていただければと思います。
　ここでは，31歳のある男性の回答の一部を紹介します。
　「どの場所を選択しますか」という質問については，「自分の通勤経路から離れていて車で1時間程度のところを狙う。集合住宅が多く近所づきあいがなさそうなところを狙う」ということでした。この理由としては，「(自分の通勤経路から離れていれば，)少しぐらい顔を知られていても大丈夫だから。(集合住宅であれば，)知らない人がいても不審に思われないから」ということでした。「どの時間帯を選択しますか」という項目の回答は「日没後」ということですが，その理由としては，「暗がりがいいが，あまり遅い時間だと無防備な人は歩いていない」ということでした。
　回答を細かくみていくと，その内容は人によってさまざまなはずです。しかしながら，財産犯などの複数の罪種において，心理学的には「リスク」と「報酬」という2つが重要な要因であると指摘されています[4,5]。これは，合理的選択理論と呼ばれ，犯罪者が衝動的に犯行を行なう場合には必ずしも当てはまりませんが，犯人が自己の利益を考え，合理的な意思決定を経て犯行を遂行する場合には該当すると考えられています。
　「リスク」というのは，警察によって逮捕されること，そして逮捕されることによって刑務所に行かなければいけないといった法的制裁を受けること，近所の人に冷たい目で見られるといった社会的制裁を受けること，が含まれます。一方，「報酬」とは，ひったくりの場合，現金などの金品獲得がおもなものですが，時には，犯行によって得られるスリルといった心理的要因も含まれます。犯罪者の場合にも，基本的には，①低いリスクで，②最大報酬を得られる対象を選

ぶと考えられています。

　もちろん，リスクも報酬もどちらも重要な要因です。ただ，両方が同等に重要なのではなく，先行研究では，とくに（侵入）窃盗犯の場合，報酬よりもリスクの重要性を大きく見積り犯行を行なっていることが指摘されています[6]。すなわち，どれだけ多くの報酬が得られそうでも，逮捕のリスクが膨大であれば，その犯行対象は狙われない傾向があると考えられます（図2-2）。

　これを，侵入盗の防犯対策に応用すると，どうなるでしょうか。端的に言えば，犯罪を防ごうと思ったら，家屋をお金がなさそうに見せる努力をするよりも，犯人が侵入を試みることで付随するリスクをいかに高めるかということが，犯罪抑止には有効であるということになるでしょう。たとえば，植え込みを整理して道路からの見通しをよくする，鍵をより頑丈にして，犯人が鍵を壊す時間を長くする，といった対策が考えられます。もしくは，常日頃からコミュニティー間の連携を保ち，不審な人がいたら声をかける，といったことも含まれるでしょう。こうした，一見地道ですが着実な対策を積み重ねることによって，潜在的犯罪者が，「見られている」「監視されている」という感覚をもつことが，彼らの「リスク認知」を高め，犯罪遂行への抵抗につながると考えられます。

　ここでは，警視庁に逮捕された空き巣狙いの被疑者35名を対象に実施した調査の結果[7]を紹介します。まず35名の被疑者に，最初に下見をしたかどうか

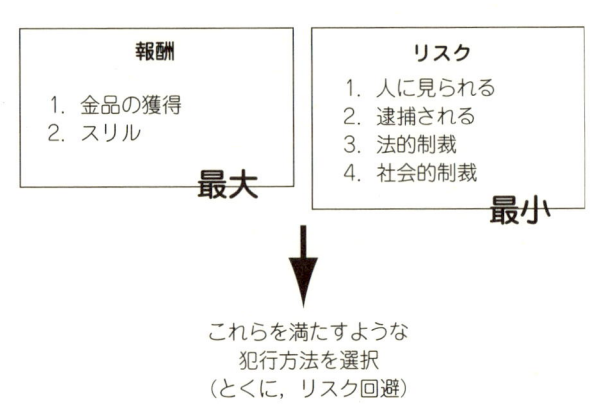

```
┌─────────────┐      ┌─────────────┐
│  報酬       │      │  リスク     │
│ 1. 金品の獲得│      │ 1. 人に見られる│
│ 2. スリル   │      │ 2. 逮捕される │
│             │      │ 3. 法的制裁  │
│         最大│      │ 4. 社会的制裁 │
└─────────────┘      │         最小│
                     └─────────────┘
```

これらを満たすような
犯行方法を選択
（とくに，リスク回避）

◆ 図2-2　窃盗における「リスク」と「報酬」

を尋ねた結果ですが，約半数の54%が下見をしたうえで犯行に及んだ，と回答しています。このことは，空き巣に狙われた地域もしくは家屋の半数以上が，犯人にとって何らかの魅力をもっていたことがわかります。

　では，その魅力とは何なのでしょう？　下見をした，と回答した被疑者に，どういったところに目をつけて下見をしたか尋ねたところ，約半数（47%）が人通りや人目を注意したと答えています。次いで，逃げやすさ（入りやすく逃げやすいまち並みか），留守の家が多いか，お金のありそうな家が多いか，といったようなことを注意して下見をしていました。

　一方で，下見をした，と回答した犯人に対して，「家」の下見をする際の目のつけどころについて尋ねたところ，多い順に以下のような回答が得られています。

- 家の人は留守か（63%）
- 入りやすく，逃げやすい家か（53%）
- 通りや隣近所からの見通しはどうか（26%）
- 窓のクレセントの位置（形）で戸締りの状態を判断する（21%）
- ドアの隙間から見えるカンヌキの位置（形）で戸締りの状態を判断する（11%）
- 犬を飼っていないか（11%）
- お金のありそうな家か（11%）

この回答を見ると，多くの犯人にとって犯行対象の家屋を選ぶ際には，家人は留守であるか否かが重要であると同時に，犯行遂行が成功する可能性の高さが大きな意味をもつことがわかります。

　ちなみに，同調査における，平素，「侵入するのに」どのくらい時間がかかればあきらめるか，との問いに関し，2分と答えた回答者が17%，2分を超え5分以内と答えた回答者が51%でした。このことは，侵入に5分以上かかるようであれば，7割近くの犯人が犯行をあきらめることを示唆しています。

　補足として，犯罪者の学習と転移ということについて，簡単にお話ししたいと思います。とくに連続犯罪の場合ですけれども，同じ犯人が，まったく同じ場所で，まったく同じ時間帯に，まったく同じ手口で犯行を行なうとは限りません。

たとえば，ある町内において，夜間7時から8時の間に女子高生を対象にしたひったくりが連続して発生したために，その時間帯に集中してパトロールを実施したとします。すると，その時間帯における女子高生対象のひったくりは，減少するでしょう。ただし，それは真の減少ではなく，他の時間帯に犯行が移行するだけかもしれません。もしくは，犯罪発生場所が隣の地域に移るだけかもしれません。また，女子高生はみずから注意を厳重にするために，女子高生被害は減少するかもしれませんが，被害対象がほかの年齢層に移行するかもしれません。

　もちろん，集中的なパトロールはある程度有効であると期待できますが，長期的視野に立てば，恒常的な対策も重要でしょう。たとえば，防犯環境設計（CPTED）に基づけば，表2-2のような対策にまで波及する必要があるでしょう。

　カナダの元警察官で犯罪学者でもあるロスモ博士は，犯人が被害者をどのように探索するのかについて，表2-3に示す4タイプを提示しています。とくに，狩猟型と密猟型は，自宅やそれ以外の場所から被害者を探索するために，特定の地域に出かけるものをさします。これらの犯人は，（潜在的）被害者がいることをある程度期待して犯行場所に赴いていると考えられますので，防犯活動という視点からは，これらの犯人に犯行遂行の可能性を高く見積もらせない地域づくりが重要でしょう。とくに，密猟型の犯行を防ぐためには，「あの場所に行けば，犯行がうまくいくだろう」という期待を抱かせない，他の地域に住む（潜在的）犯罪者の目に，スキのあるまちに見せない努力が重要かと思います。

◆ 表2-2　防犯環境設計の4原則[★8]

① 対象物の強化	犯罪の誘発要因の除去，強化。たとえば，建物に侵入されにくいように頑丈な錠や窓ガラスを使用する。
② 接近の制御	犯人が被害対象者（物）に近づきにくくする。たとえば，地下道の犯罪を予防するために時間帯によって通行制限をする。
③ 監視性の強化	多くの人の目，見通しを確保する。たとえば，団地の公園内の犯罪を予防するため，住棟の側面に窓を配置する。
④ 領域性の確保	共有のエリアに対する住民のコントロールを強める。たとえば，空き地を市民農園として活用する。

◆ 表2-3　ロスモによる犯罪者の被害者探索タイプ[★9]

タイプ	犯罪者は，どのようなヒト（もしくはモノ）を犯行対象として選択する傾向があるのか
狩猟型 (Hunter)	自宅を拠点にして，被害者を探索する
密猟型 (Poacher)	自宅以外の活動場所を拠点にして，被害者を探索する。あるいは，被害者物色のために，他の都市へ出かける
流し釣り型 (Troller)	別行動をとっているときに，機会的に被害者と接触する
罠仕掛け型 (Trapper)	自分の管理下の場所で潜在的な被害者と出会うことができるような社会的地位や職業を装う，またはそうした状況をつくる

子ども対象の犯罪について

　次に，犯罪実態について紹介します。ここでは例として，子ども対象の犯罪についてお話しします。

　警察統計によると，平成16年には，年間670名の未就学児，26,717名の小学生，74,924名の中学生，157,739名の高校生が犯罪被害に遭っており，この10年間では未就学児の被害数が増大する傾向にあります。警察に届けられない犯罪被害の件数は暗数と呼ばれますが，罪種によっては暗数も少なくないと考えられますので，実際の被害者数は統計で示される数値よりも大きくなります。

　また，罪種ごと，被害者の年齢層別ごと（未就学児，小学生，成人）に人口10万人あたりの被害件数を表わしているのが表2-4です。刑法犯全体では，未就学児の被害率が最も低く，成人の被害率が最も高いことがわかります。このデータを見ると，成人の被害率は，未就学児の被害率の約178倍です。

　多くの罪種が同様の傾向を示しているのですが，強制わいせつ，公然わいせつ，略取・誘拐のみ，異なる傾向を示しています。これら3罪種においては，小学生の被害率が最も高く，とくに，強制わいせつに関しては，小学生の被害率は成人の約5倍（人口10万人あたり19.44件）となっています。このことは，

◆ 表2-4　被害者の年齢層別にみた人口10万人あたり被害件数（平成16年）

	未就学児	小学生	成人
刑法犯	9.65	370.77	1725.82
殺人	1.23	0.36	1.19
強盗	0.0	0.10	5.85
強姦	0.01	0.74	1.15
暴行	1.20	12.18	16.78
傷害	2.03	5.26	28.10
恐喝	0.01	4.60	7.14
窃盗	0.68	313.93	1352.97
詐欺	0.00	0.44	62.33
強制わいせつ	2.36	19.44	3.57
公然わいせつ	0.07	1.42	0.42
逮捕・監禁	0.03	0.07	0.47
略取・誘拐	0.49	1.44	0.07
その他	1.52	10.23	243.78

　小学生が性的犯罪の被害に遭う確率は，他の年齢層と比較すると高いことを示しています。また，略取・誘拐では，成人の被害率が最も低く，次いで，未就学児，小学生の順に被害率が高くなっています。

　過去に，社会安全研究財団[10]で，犯罪などの被害に遭遇することへの不安について調査した結果があります。「子どもが変質者の被害に遭う心配はどれぐらいあると思いますか。子どもが誘拐される心配はどれぐらいあると思いますか。子どもが交通事故に遭う心配はどれぐらいあると思いますか。友人や環境の影響で非行を行なう心配はどれぐらいあると思いますか。お年寄りや犯罪や交通事故に遭う心配はどれぐらいあると思いますか。」こういったことを聞いていますので，ちょっと古いデータなのですが（平成3年），参考までに紹介したいと思います（図2-3）。

　これらの被害の中で，どのような状況に対する不安が一番高いと思われますか。図2-3には，回答者（計363人[注1]）の中で，わからない，もしくは無回答のほか，心配していない，あまり心配していない，やや心配している，心配して

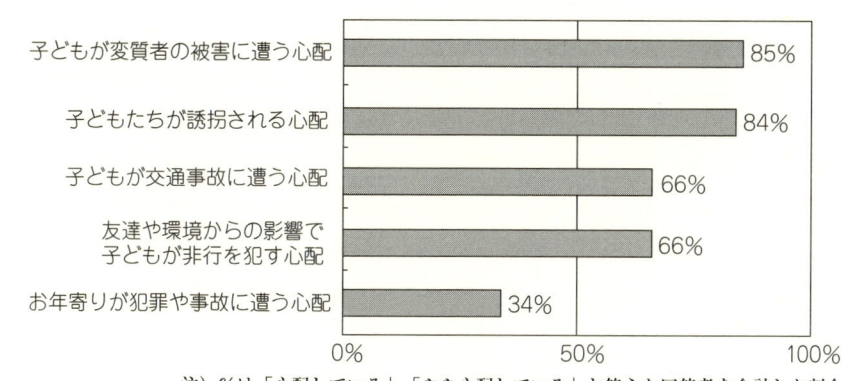

3 犯罪被害を防ぐには——犯罪者の視点から

項目	割合
子どもが変質者の被害に遭う心配	85%
子どもたちが誘拐される心配	84%
子どもが交通事故に遭う心配	66%
友達や環境からの影響で子どもが非行を犯す心配	66%
お年寄りが犯罪や事故に遭う心配	34%

注）％は「心配している」「やや心配している」と答えた回答者を合計した割合

◆ 図2-3 子どもが犯罪などの被害に遭遇することへの不安[★10]

いる，の4段階の回答のうち，心配していると答えた方と，やや心配していると答えた方を合計した割合をまとめた結果を示しています。子どもが変質者の被害に遭うこと，もしくは子どもが誘拐されることについては，回答者の8割強が心配である，と回答しています。

▶▶▶▶▶
注1 調査対象者は，平成元年に発生した幼・小児誘拐事件「M事件」の発生現場の1つである集合住宅Kと，発生現場ではないが，幼・小児を含む住民によって形成されている大規模集団地Tに居住し，かつ，0歳から12歳までの年齢階層の子どものいる家庭の成人男女を無作為に抽出している（集合住宅Kの住民＝286人，集合住宅T＝77人）。調査は，「M事件」発生の約2年後に実施されており，調査対象者の犯罪不安は，他の調査と比較すると高いことが予想される。

他方，この調査では，交通事故に遭ったり，子どもが非行を行なう心配については，それらと比較すると低い値となっています。しかしながら，警察統計（平成16年）を見てみますと，19歳以下の交通事故の死傷者は179,464名（そのうち，死者が642名，重傷者が11,363名）ですが，同年齢層の被害者数を強制わいせつ，強姦，略取誘拐でみてみますと，強制わいせつが6,053名，強姦が986名，略取誘拐が252名となっています。この数字をみても，警察に届け出ない暗数を勘案してもなお，交通事故に遭う確率のほうが圧倒的に高いことがわかります。このことは，保護者をはじめとする大人が，子どもを対象とした連れ去りや性的要素のある犯罪に対して，とくに強い不安感を抱いていることを示唆し

ています。

　しかしながら、子どもの性的被害（年少者わいせつなど）に関しては、事実よりもイメージが先行していることが指摘されています[*1]。たとえば、年少者わいせつの犯人は「汚いおじさん」である、といったイメージをもっていらっしゃいませんか。しかしながら実際の統計を見ると、犯人の年齢層に関しては、10代もしくは20代の比率が高いのです。もしくは、このような犯行を子どもに対して行なうということは、何か精神障害があるのではないかというイメージをもつ人もいるかもしれませんが、実際には、精神障害者による犯行はごく一部です。

　次に、どの程度の子どもたちが被害に遭った経験をもつのか、また、子どもたちは、どのような犯罪被害を経験しているのだろうか、ということについて見てみたいと思います。それを示すものとして、小学校4年生から6年生までの児童を対象に実施された調査があります[*11]。それによると、有効回収数950名のうち被害体験ありの児童数は363名で38.3%を占めており、4割近くの子どもたちが犯罪被害の経験がある、と回答していました。

　また、被害を罪種別に見ると、窃盗犯（盗難にかかわる犯罪）が4割強、風俗犯（性にかかわる犯罪）が4割弱、粗暴犯（暴力にかかわる犯罪）が2割でした。同報告書によれば、警察の届出は、窃盗では全体の3割程度、粗暴犯では50件前後に1件、風俗犯では100件前後に1件であると推測されています。もちろん、回答の中には、変なおじさんにじっと見られた、といった犯罪にはいたらないものも含まれますが、それであっても、警察が認知している以上に、多くの児童が何らかの被害経験を有することを示唆しています。

犯罪は、いつ、どこで、どのようにして、発生しているのか

　次に、子どもを対象とした犯罪実態について、具体的に見ていきたいと思います。一口に「子ども対象の犯罪」と言っても、罪種によってそのパターンはある程度異なります。ここでは、年少児誘拐・わいせつ事件（計270件）につ

いて調査した科学警察研究所の報告書を中心に，説明したいと思います（図2-4，図2-5）。

まず，発生時間帯ですが，被疑者と被害者の間に面識のない場合，7割強が13時から18時の間に発生しており，その多くが平日の発生でありました。また，子どもたちが路上や公園で遊んでいるとき，もしくは登下校中に被害に遭う傾向が見出されました。

ちなみに，曜日に関しては大きな差は認められず，週末のほうが平日よりも被害が多い，ということはありませんでした。他方，天候は曇りの日よりも晴れの日が多くて，曇りの日が19.3%に対して晴れの日が72.2%ということになっています。また，4月～10月の発生が他の季節と比べると多いということも指摘されています。全体的に見ますと，子どもが外に出ている時間帯，季節，日時の発生が多いということになろうかと思います。

犯人がどのように子どもに接触したのか。その方法については，犯人が子どもに接近する際に，何らかの欺瞞の方法を用いている場合が半数程度を占めていました。たとえば，「○○へ行って遊ぼう」「○○の場所を教えてほしい」といった具合です。中には，保健所の職員を装ったり，私服の警察官を装ったりして声かけをする場合もあります。他方，無言で抱きかかえて連れ去る，といった犯人はほとんどいませんでした。昔から，両親や周囲の人が，子どもに「変な人に声をかけられてもついていったらだめだよ」と注意する光景はよく見ら

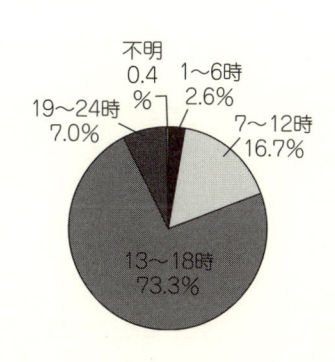

◆ 図2-4　年少児誘拐・わいせつ事件（270件）の発生時間帯[13]

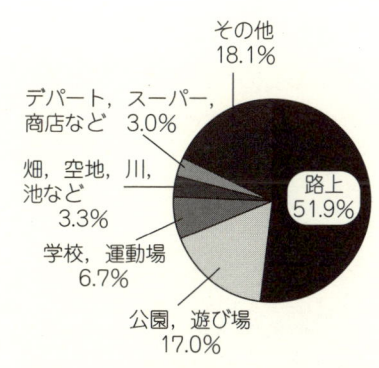

◆ 図2-5　年少児誘拐・わいせつ事件（270件）の発生場所[13]

れますが、そうした注意を思い浮かばせないほど、巧みに犯人は子どもに声をかけていることが示唆されます。

また、被害に遭遇したときの児童の対応については、3歳から5歳の場合には、相手を強く疑うことなく、ついていっているものが7割強を占めていました。このことから、とくに、被害者が年少者の場合には、多くの子どもたちが、相手を疑うことなく被害に遭っているということがわかります。

また、被害当時、1人でいた子どもは半数程度であり、友達や兄弟といたものも少なくないことに留意する必要があるでしょう。

次に、被害に遭う児童の特徴について見てみましょう。この調査における被害者の年齢層を見ると、3歳〜5歳が12.6%、6歳〜7歳が31.5%、8歳〜9歳が20.7%、10歳〜12歳が35.2%でしたが、一般には、子どもの年齢が高くなるほど、犯罪被害に遭う確率は高くなることが指摘されています。これは、子どもが成長するにつれて、活動範囲が広がることによると思われます。たとえば、表2-5に示すように、平成15年の1年間における0歳から5歳の性犯罪被害者は139名、6歳から12歳の被害者は2,253名、13歳から19歳の被害者総数は6,482名であります。13歳から19歳の被害者数が最も多く、成人を含めた全体の中でも性犯罪被害のリスクが高い年齢層になります。しかしながら、5歳以下の幼児が被害に遭うケースも認められます。

性別に関しては、性的犯罪の被害者は、圧倒的に女児が多い傾向がある一方で、男児が被害に遭う場合も少なからずあることに注意する必要があります。

◆ 表2-5 平成15年における未成年者の性犯罪被害の実態（カッコ内は女性）

	0歳から5歳	6歳から12歳	13歳から19歳
強姦	0　（0）	93　（93）	1972　（1820）
わいせつ	115　（106）	2051　（1894）	4426　（4326）
強制わいせつ	115　（106）	1972　（1820）	4146　（4048）
公然わいせつ	0　（0）	79　（74）	280　（278）
略取誘拐	24　（15）	109　（91）	84　（78）
計	139　（121）	2253　（2078）	6482　（6224）

警察庁「平成15年の犯罪」より

田村の調査でも，1割を占める27件において男児が被害者でした。また，表2-5からも，未成年者の性犯罪被害の一定数が男児であることがわかります。ただし，男児の場合には，傷害事件，暴行事件の被害に占める割合が高いことが特徴です。平成15年の警察統計では，未成年者被害の傷害事件の79％，暴行事件の45％が男性であるというデータがあります。

　最後に，年少者誘拐・わいせつ犯の「犯人像」について見てみましょう。一般に，年少者を対象に犯罪を行なう者のイメージは，「汚い，中高年の男性である」「精神障害者が多い」といったものであることが指摘されています。しかしながら，実際に逮捕された犯人をみると，それらのイメージが必ずしも正しくないことがわかります。科学警察研究所の調査でも，加害者はすべて男性でありましたが，10代と20代で6割を占めています。参考までに，この調査における年少者誘拐・わいせつ犯の「犯人像」を紹介すると以下のとおりです。

- あらかじめ，犯行を行なおうと思いその場にいた者は半数であり，残り半数は，偶然現場に来て突発的に犯意を抱いている。
- ほとんどが単独犯である（270件中2件のみ共犯）。
- すべて男性であり，10歳代と20歳代で6割を占める。
- 配偶者のある者が2割である。
- 過去に犯罪歴をもつものは5割であり，性的犯罪の犯罪歴をもつ者は4割である。
- 性格としては，陰気，孤独，内向的なタイプが半数である。

とくに，半数が，偶然現場に来て突発的に犯意を抱いた，という点には留意すべきでしょう。すなわち，犯行前から特定の被害者が選定されていた，という状況は少なく，犯人とたまたま出会い，犯人にとって犯行条件を満たしてしまっていたために被害に遭ってしまったという児童が多いことがわかります。

　参考までに，年少者対象の強姦犯に絞って分析したデータの概要を表2-6に紹介します。年少者対象の強姦犯に関しても，犯人の年齢層，職業等の犯人像に関しては，上述の内容と大きく変わらないことがわかります。

◆ 表2-6　年少者強姦犯（524人）の犯人特徴[1]

- 10代と20代で全体の半数（54.0%）
- 有職者が6割近く（56.7%）（多くがブルーカラー）
- 義務教育までの学歴を有する犯人が4割（40.8%）。高校中退を含めると、全体の半数強（51.5%）
- 同居者ありが7割（71.9%）
  - 親：5割（50.2%）
  - 配偶者：2割（16.6%）
- 配偶者ありが2割（19.8%）
- 精神障害や薬物問題を抱えている者は1割未満（9.5%）
- 約半数（55.2%）に犯罪歴あり（全体的に年齢が高くなるほど、犯歴をもつ者の比率が高い）
  - 性犯関係の犯罪歴：33.6%。
    - 年少者強姦の犯罪歴：6.3%
    - 年少者強制わいせつの犯罪歴：7.4%
  - 窃盗関係の犯罪歴：32.4%
  - 性犯を除く対人暴力犯の犯罪歴：18.4%

犯罪被害を防ぐには

◆ 子どもの対策

　基本的には、公園や道路で遊んでいるとき、もしくは登下校中に、1人もしくは少人数でいるときの被害が多いことがわかりました。したがって、集団登下校を実施する、外出時はできるだけ何人かで行動する、といった取り組みは、犯罪を抑止するうえで有効でしょう。

　ただし、1人でいるときの被害が多い一方で、友達もしくは家族といるときに被害に遭うケースも少なくないため、単に、「友達といるから」という理由で安心できないことに留意する必要があります。また、性的犯罪の多くが、子どもが、犯人の誘いかけの言葉に応じることによって発生しています。たとえ悪い人に見えなくても見知らぬ人には絶対についていってはいけないこと、1人での留守番の場合には家族以外の場合にはドアを開けてはいけないこと、知らない人からの電話への対応のしかたなどについて、普段から教える必要があります。子どもが1人で鍵を開けて家に入るのを見て、犯罪者が目をつけるこ

ともあります。また，親の知り合いであるなど嘘を言って接触する場合もあるので，知らない人の場合には，あくまでも「見知らぬ人」として対処することを徹底しなければならないでしょう。また，数は多くないものの，男性と女性が共犯であり，女性が子どもに接触をし，その子どもを男性のところに連れていく場合もあることも念頭に置いておいたほうがよいでしょう。

また，声をかけられるなど被害に遭いそうになったときの対処方法についても，教育する必要があります。たとえば，年少者の場合には，見知らぬ人から「○○に行こう」といわれた場合に，「だめ」「行かない」と言うなど，断り方の練習を普段からしておくことが望ましいでしょう。犯人が，「道を教えて」などの援助を求める場合も少なくありませんが，どの程度まで援助してあげるとよいのか，子どもと話しておくことも必要でしょう。たとえば，建物の方向を指さす，「近くで大人を探して」と伝えるなど，言葉での援助はできますが，建物のある場所まで連れていってあげる，という援助はしなくてもいいのだ，ということを伝えておく必要があるかもしれません。

また，自分もしくは友達が変なことをされそうになったら大声を出すこと，ほかの大人がいる安全なところに逃げること，すぐに親や教師に報告することを周知しておく必要があります。それらも，実際に声に出して練習してみるとよいでしょう。とくに，年少者の場合，対処法について口で言われたのみでは，なかなか実践することは難しいものです。

常日頃から防犯ブザーを携帯するように教育し，何かあったらそれを使うように言っておくこともよいでしょう。また，遊びに行くときは，行き先，遊ぶ友達の名前，帰宅時間を親に伝えることを習慣づけること，何かあったときのために，住所，氏名，親の名前，電話番号，電話のかけ方などをなるべく早いうちから子どもに教えておくことも必要です。最近，「子ども110番の家」が広まっていますが，子どもの活動空間内にあるコンビニや子ども110番の協力宅など，何かあったら逃げこめる場所を親子で確認することも必要でしょう。子ども110番のマークは警視庁が作成したもの（図2-6）のほか，各地域のPTA連合会などで作成しているものもあります。

実際の犯罪の発生状況を見ると，基本的には，被害に遭う確率が高いのは，幼児よりも小学生であり，とくに性的犯罪の場合には，女児の被害リスクが高

◆ 図2-6　警視庁が作成しているこども110番の家マーク[★15]

いことがわかります。しかしながら，幼児もしくは男児の被害も少なからず認められております。したがって，犯罪防止のための教育活動においては，特定のタイプに偏ることなく実施する必要があるでしょう。

◆ 大人の対策・地域の対策

　第1に，前述の子どもへの教育を，親がしっかりと行なう必要があります。ただし，その際に，大人全体に対する不信感を植えつけないように注意しなければならないでしょう。また，子どもの行動を日ごろから把握しておくこと，子どもを連れて外出するときには子どもから目を離さない，はぐれたときは，親を探して歩き回るのではなく，すぐに店員，駅員，警察官などに話すことを，子どもに教えておくことが重要でしょう。

　前述の「子ども110番の家」は，東京都ではステッカーが貼られていますが，地域の人々が協力民家や店舗を必ずしも知っているとは限りません。広報などを通じて，広く周知させるほか，親や学校が常日頃から，どの民家や店舗が「子ども110番の家」であるのか，教えておくことが望ましいでしょう。

　また，前述したように，犯罪者が犯行を行なううえでは，「人から見られている」「監視されている」といった意識が，大きな犯罪抑止力となることが期待できます。そのためには，地域における巡回パトロールの実施は有効でしょ

う。地域の人々が一緒になって，実際に犯罪が起きた場所を書き込んでいき，「地域安全マップ」を製作する，といった活動も，犯罪発生の正確な実態を把握し，巡回パトロールすべき場所を検討するうえで有効でしょう。また，地域の人たちどうしで互いに声をかけ合い，不審者を見かけたらその情報を地域住民で共有し，必要があれば交番に連絡する，といったように，地域住民全体の意識を高めることも効果的です。前述の「地域安全マップ」作製といった活動は，地域住民の防犯意識の向上に大きく貢献すると思われます。

最後に

　ここでは，おもに，犯罪者の観点から，犯罪ならびに防犯活動について検討を行ないました。後半部分は，子ども対象の犯罪に焦点を当てましたが，基本的にはどのような犯罪であっても，犯罪の正しい理解に基づいた防犯活動の検討が求められます。
　たとえば，ひったくりの防犯活動を行なう際においても，
・「どこで」犯罪が多発しているのか
・どの「時間帯」における発生が多いのか
・被害者が「どのような状況」のときにひったくられる傾向があるのか
・「どのような人物が加害者」である可能性が高いのか
といったことを検討することによって，実情に即した防犯活動を組み立てることが可能でしょう。
　たとえば，警視庁は，子どもを犯罪被害から防ぐための「防犯チェックポイント」など防犯に有用な情報を示しています。また，警察をはじめとする多くの団体が，防犯対策のためのパンフレットやチラシ，本を作成しています。それらを参考にしながら，自分たちの地域に適した防犯手段を検討することが必要かと思われます。

文 献

★ 1　渡邉和美　2004　年少者強姦事件の犯人像　渡辺昭一（編）　捜査心理学　北大路書房
★ 2　Furnham, A.　1996　*All in the Mind: Essence of Psychology*. London: Whurr Publishers. 細江達郎（訳）　2004　すべては心の中に　北大路書房
★ 3　渡辺昭一　2005　犯罪者プロファイリング―犯罪を科学する警察の情報分析技術　角川書店
★ 4　Clarke, R., & Cornish, D.　1985　Modelling of offenders' decisions: A framework for research and policy. In M. Tonry, & N. Morris, *Crime and Justice: An annual review of research*, **6**, 147-185. Chicago: University of Chicago Press.
★ 5　Blackburn, R.　1993　*The psychology of criminal conduct*. New York: Wiley.
★ 6　Bennett, T., & Wright, R.　1986　*Burglars on burglary: Prevention and the offender*. Hampshire: Gower.
★ 7　都市防犯研究センター　1997　侵入盗の実態に関する調査報告書（4）―住宅対象侵入盗発生実態編　JUSRI リポート, **12**
★ 8　小出治（監）樋村恭一（編）　2003　都市の防犯―工学・心理学からのアプローチ　北大路書房
★ 9　Rossmo, D. K.　2000　*Geographic Profiling*. CRC Press. 渡辺昭一（監訳）　2002　地理的プロファイリング―凶悪犯罪者に迫る行動科学　北大路書房
★10　社会安全研究財団　1991　幼・小児誘拐事件の実態とその防止法に関する調査研究
★11　中村攻　2002　子どもたちを犯罪から守るまちづくりのすすめ方　（財）社会安全研究財団調査研究報告書
　　　※この報告書は社会安全研究財団のウェブサイトに公開されています。
　　　http://www.syaanken.or.jp/index2.html
★12　田村雅幸　1992a　幼少児誘拐・わいせつ事件の犯人の特性の分析　科学警察研究所報告防犯少年編, **33**（1）, 30-41.
★13　田村雅幸　1992b　幼少児誘拐・わいせつ事件の実態　科学警察研究所報告防犯少年編, **33**（1）, 95-102.
★14　渡邉和美　2006　子どもの犯罪被害の実態　岡本拡子・桐生正幸（編）幼い子どもを犯罪から守る！―命をつなぐ防犯教育　北大路書房
★15　http://www.keishicho.metro.tokyo.jp/seian/bouhan/kodomo110/kodomo110.htm

4 ボランティア組織のマネジメント

● 中竹　竜二
　早稲田大学ラグビー蹴球部監督（元・株式会社三菱総合研究所）
　専門は地域活性化，地域情報化，教育・スポーツ政策など。幅広い分野のボランティア・NPO組織でのマネジメント経験を活かし，社外活動では地域のリーダー育成の研修講師，学校経営者や教職員対象のマネジメント研修も行なっている。

はじめに

　ここでは，実際に東京都安全・安心まちづくりアカデミーで行なったレクチャーを改めて整理して講義録形式で書いています。本章のテーマは，安全・安心なまちづくりのための「ボランティア組織のマネジメント」です。紹介欄にもありますように，私は防犯の専門家ではありません。したがって，ここでは防犯の専門的な話というよりは，リーダーが組織の中で仲間を動かしていく際に考慮すべき点を紹介したいと思っています。本章は質問形式で進めていきますので，皆さんも読みながら一緒に考えてください。また本章の質問事項は別表（章末）にまとめてありますから，そちらも参照してください。

組織の存在意義

　私の講座は，講師の私ではなく，受講する皆さんが主役ですので，肩の力を抜いて，リラックスして参加していただければと思っています。では，皆さんに，ちょっとうかがいます。これまでリーダー経験はありますか？　仕事でも，プライベートでもどんな組織でもかまいません。リーダーを経験したことがある方，手をあげてください。
　（会場）はーい。はーい。はーい。（約9割が挙手）
　ありがとうございます。ほとんどの方がリーダー経験者ですね。では，リーダーという立場は好きですか？
　（会場）はーい……。（約3割が挙手）
　皆さん，リーダーを経験しているわりには，リーダーという立場はお好きではないようですね（笑）。では，自分はリーダーに向いていると思う方，手をあげてください。
　（会場）はい……。（約1割が挙手）
　少ないですね。皆さん，ちょっとご謙遜されているのでしょうか（笑）。とにかくご安心ください。リーダーの経験のない方，リーダーという立場が嫌いな方，リーダーという立場には向いていないと思っている方も，今日の講座のポイントさえつかめば，リーダーを楽しくやることができます。では，次は本日のテーマとなるべき質問です。皆さんはお友達はたくさんいますか？
　（会場）はーい。はーい。（約6割が挙手）
　ありがとうございます。安心しました。皆さん，お友達はたくさんいらっしゃるようですね。非常に大切なことです。本日の講座のテーマは，「コミュニケーション」。要するに，リーダーにはコミュニケーションが重要なのです。では，このことを頭の片隅に置いて本題に移りましょう。
　私の講座は，防犯に関する最新情報や丸秘情報を提供するのではなく，組織づくりにおけるさまざまな課題に対して実際に考えてもらうことを目的としているため，質問形式で進めていきます。ただし，質問形式といっても，私が唯一の答えを提供するというものではなく，皆さん自身がすでに持ち得ている答

えを引き出すことがこの講義の狙いです。
　まず、次の条件を前提として講座を進めますので、しっかりと頭に入れておいてください。

> 現在、皆様の地域では多くの犯罪が起こっています。そこであなたは地域の安全を取り戻すために、安全・安心まちづくり防犯リーダーとして、半年以内に防犯組織、防犯隊を立ち上げていくことになりました。

　早速ですが、初めの質問です。
質問1　なぜ防犯隊を立ち上げるのですか。そもそもなぜ防犯隊を立ち上げる必要があるのですか。
　1分間で考えてみてください。今日はあえて皆さんにとてもシンプルな質問をします。「そんなあたりまえのことを聞かれても困る、わかり切っているだろう」と思われる方もあえて用紙に答えを書いていただければと思います。じつは、あたりまえのことを文字に落としていくというのはなかなか非常に難しい作業だからです。
　時間になりました。会場の方、3名に聞いてみましょう。
　（会場）　最近はいろいろなところで犯罪が起きるので、その犯罪をなくすために。
　（会場）　地域の住民の方が安心して安全に住めるようなまちにしたいから。それから、私のまちをもっときれいにしたいから。
　（会場）　町内の人たちと連携を保ちたいから。
　はい、どうもありがとうございました。
　「犯罪をなくしたい」「まちを安心、安全にしたい」「住民の連携を保ちたい」。今、お答えいただいた方々いずれも正解です。これらはまさしく本アカデミーのテーマですね。しかし、みなさん、質問1をもう一度思い出してください。
　「質問1　そもそもなぜ防犯隊を立ち上げるのですか？」この質問を言い換えると、「なぜ、わざわざ防犯隊という『組織』を立ち上げるのでしょうか？」という質問になります。日本語は難しいのですが、この質問の意図は、「なぜ、組織化するのか？」というものなのです。では、もっとわかりやすい質問にし

ます。次の文章中の『　』内に何が入るかを考えてみてください。

「ヒトが組織をつくる理由は,『　　　　　』からである」。

さあ, また会場の方に聞いてみましょう。

(会場) すみません, わかりません…。

では, 隣の方。

(会場) 1人ではできない, からです。

はい, 大正解。

そうです。防犯隊にかかわらず, あらゆる組織は, ヒトが1人では目的を果たすことができないから存在しているのです。だからこそ組織のリーダーは仲間とのコミュニケーションが必須なわけです。要するに皆さんが立ち上げようとする防犯隊は, 他人の力を借りなければあなたのまちを安心で安全なまちにできないから組織化したのであって, 仮に, だれの力も借りずに自分ひとりの力で地域の安全を守れるのであれば防犯隊は必要ないでしょう。今日はこの組織の存在意義を再認識してから, 先に進んでいきたいと思います。

余談ですが, ほかの国, とくに, ヨーロッパ諸国──イギリス・フランスなどでこの手の質問をすると, 質問1の段階でほとんどの人が答えることができます。表2-7では組織文化における個人と組織のとらえ方の違いというのを紹介したいと思います。

まず日本をはじめとするいわゆる集団主義社会では, ヒトは基本的に何らかの組織に属していることが前提です。たとえば, 自己紹介にしても, 多くの日

◆ 表2-7　日本と西洋における個人と組織の一般的なとらえ方の比較

(日本) 集団主義文化の強い社会における個人と組織の一般的なとらえ方	(西洋) 個人主義文化の強い社会における個人と組織の一般的なとらえ方
・個人は, 基本的生活において組織の中に属している ・個人は, 目的に応じて組織を変化させる ・組織の役割は, 「生活の基盤」と認識されている ・組織は, 個人に安心感を与える	・個人は, 基本的生活において組織から自立している ・個人は, 目的に応じて組織を選ぶ ・組織の役割は, 「目的を果たすための一手段」と認識されている ・組織は, 個人に緊張感を与える

本人は「はじめまして，私は株式会社○○の山田太郎です」と言って名刺を差し出します。仕事上でのあいさつであれば当然ですが，プライベートの会話でもその傾向が強いといわれています。要するに，自分を表現するときに，自分自身の性格や思想ではなく，どの組織に属しているかを重要視してしまいがちです。これは，ヨーロッパ諸国の人たちからすれば，少し奇妙に感じるようです。彼らの自己紹介では最初に名前，それから趣味や職種（所属会社ではなく，仕事の内容）などから雑談へ発展していくのが一般的です。彼らは常に自分自身のことについて語ります。多くの日本人と違って，基本的生活において「個」が自立しているといえるでしょう。

また，日本人は比較的，帰属意識というものが強いせいか，すでに所属している組織から別の組織に移ることを好ましく思いません。よって，個人がある目的を果たしたいと思った場合，既存組織の中で新たにその目的を立てゴールに向かって進んでいくことが一般的です。たとえて言えば，多目的サークルのような形態です。メンバーは替わらず，活動が変化していく形です。「何を」するかよりは「だれと」するかのほうが重要視されていることを意味します。仕事にしろプライベートにしろ，常に同じ仲間と過ごしている時間が多いといわれています。

一方で，西洋人の多くは自分ひとりでは目的を達成できないという壁が見えて，初めて組織に目を向けます。そこが大きな違いです。日本人のように組織があってその組織の中で目的を変えていくのではなく，目的に応じて個が組織を選択していくのが西洋の基本的な姿勢といわれています。よって，たとえば余暇を楽しむためにスポーツクラブを選ぶ際，地域内のすべてのクラブを転々としながら探し続けます。要するに，西洋では個人にとって組織は目的のための一手段なのです。

もう1つの違いは，日本では集団の中にいることが個人に安心感を与えていることです。これまでの公教育の影響かもしれませんが，「みんなと同じことが正しい」という傾向が強いですね。集団の中で他と行動を同じくすることが基本的に安心を生み出します。一方で，西洋では，集団に入るということは個人では果たせない目的や理由があるため，特別な状態なわけで，それは逆によい緊張感を与えます。

簡単な例をあげますが，イギリスやフランスなどの基本的に個人主義の強い社会では，じつは，サッカーやラグビー，ハンドボールなど集団スポーツの競技レベルが高いのです。もちろん，身体的な優位性もありますが，それだけでなく文化的な背景もあるようです。昔は，集団主義である日本こそが集団スポーツに有利といわれてきたのですが，最近では，欧米における集団スポーツチームクラブのコーチングやマネジメントが研究対象として注目を集めています。大きな違いは，先ほど紹介したような個の組織に対する位置づけや目標の明確さ，組織全体の緊張感の高さなどがあげられます。

組織の方向性と役割

では，本題に戻りましょう。次の質問です。
質問2 あなたが理想としている「安全で安心できるまち」とはどんな地域ですか。
（会場）だれもが，安心して歩けるまち。
（会場）犯罪のないまち。
（会場）地域のみんなが顔見知りのまち。
（会場）ゴミが落ちていないきれいなまち。
（会場）だれとでも気軽にあいさつできるまち。

はい，ありがとうございました。今，5名の方にお聞きしましたが，いずれの方の答えも安全で安心なまちですね。ただし，それぞれ少しずつ表現が違っていましたね。ここで考えていただきたいのは「安全で安心なまち」といったときに，漠然と思い描くイメージは同じでも，じつは，具体的にイメージする理想のまちの姿が個々で異なっているということです。簡単にいえば，組織のめざしているゴールがちょっとずつ異なっているということなのです。仮に，今の5名の方が同じ組織で活動を開始したとしましょう。そうすると，ある人は犯罪がなくなった時点で組織の目標を達成したと感じるかもしれませんし，ある人は地域のみんなが気軽にあいさつできるようになった時点やゴミがなくなった時点で目標を達成したと感じるかもしれません。だからこそ質問2のよ

うなシンプルな質問を幹部やメンバーでとことん詰めておく必要があるのです。組織の立ち上げ当初は，概して皆さんやる気があるので，とにかくよいと思われることをすべて目標に掲げたくなるのですが，最初こそ，目標を絞り具体化するか，少なくとも優先順位をつけておくことが大切です。さもなければ，後々，「話が違う！」と組織分裂の原因となりかねません。

さて，次の質問です。

質問3　防犯隊がやるべき最も重要なことは何ですか。
（会場）地域パトロールによる犯罪発生の予防活動。
（会場）あいさつ運動や清掃活動。
（会場）地域で起こった犯罪の手口に関する調査や情報収集など。
（会場）地域での人的なネットワークづくり。

これも質問2と同じです。たとえば，最初の方から「犯罪の予防」というキーワードが出てきました。そのための地域パトロールが最も重要な具体的な活動です。一方で，他の方は，あいさつ運動や清掃活動といったいわゆる一般的な地域活動の優先順位が高かったり，犯罪に関する調査や情報収集などの専門的な防犯対策に重きが置かれることがあります。もちろん，すべて必要かつ重要なのですが，先ほども申し上げたように組織には人的限界，時間的限界といったパワー限度があるため，やるべき活動に優先順位が必要となります。ある人は地域パトロールを，ある人はあいさつ運動を，ある人は清掃活動を最重要活動としてとらえているかもしません。最初にこのあたりの部分をみんなですり合わせておかないと，組織というのは方向性がなかなか1つにまとまりません。

もう1つ，多くのボランティア組織が陥る傾向は自分たちの組織しか見えていないことです。たとえば，防犯隊が活動を進めていく際に，防犯に関して協力しあっていくことが可能な組織は数多くあります。後ほど，ステークホルダー（利害関係者）の部分で詳しく説明しますが，防犯に関しては最低限，警察と行政が協力関係者といえます。そのほか，学校関係，商工会関係，自治会，老人会など地域によってはさまざまな組織との連携が可能でしょう。ただし，いざ防犯隊という組織を立ち上げるとなると，志が高くなりすぎて，他の関係者・協力者の存在を忘れたかのように防犯隊だけで「地域防犯」という大きな

命題を解決しようとします。極端にいえば，地域パトロールやあいさつ運動などの実活動をいっさい行なわず，逆に，地域の防犯に関する組織や主要人物のネットワーク化や役割分担だけを行なう防犯組織ができても不思議ではないのです。防犯活動こそ，単体組織ではなかなか成立しないことを再度認識していただければと思います。

質問4　安全・安心まちづくり防犯リーダーとしてのあなたの役割は何ですか。
（会場）　地域パトロールなど防犯隊の実活動を引っ張っていきながら，地域の安全を中心となってつくっていくこと。
（会場）　新規のメンバーを増やすための勧誘活動や既存のメンバーが楽しく活動を継続できるためのやる気を引き出すこと。
（会場）　地域の重要人物どうしをつなげること。地域のネットワーカーとしての役割を果たすこと。

ありがとうございます。この質問も先ほどの質問3同様，組織としてのすべての役割をリーダーが担うことよりも，いかに組織全体が効率よく効果的に力を発揮できるかを考える必要があります。それを認識したうえで，プレイングマネジャーのように活動自体を率先すること，裏方に徹しメンバーのモチベーションをコントロールすること，協力者をネットワーキングすることなど，組織や個人の環境や個性に合った役割があがれば最高です。

質問5　防犯隊の活動に関係する人・組織（ステークホルダー）をすべてあげてください。

最近，多くの企業でもステークホルダー・マネジメントというものを意識するようになりました。ステークホルダーとは，日本語では利害関係者と訳され，企業でいえば，企業活動を行なううえでかかわるすべての人をさします。地域住民，官公庁，研究機関，金融機関，そして従業員も含みます。防犯組織でもこの考えは同じで，関係者全員をマネジメントの中に組み込んでいくという考え方が必要なのです。では，何人かに聞いてみましょう。
（会場）　警察，行政，町内会・自治会関係，あとは事業所の関係とか学校のPTA関係が当てはまるのでしょうか。
（会場）　私のまちでは在外協力隊という組織もあります。
（会場）　老人会や婦人会は，非常に協力的です。商工会も徐々に関心を示し

てくれています。

　ありがとうございます。あげていただいたすべてステークホルダーですね。では，ほかにありませんか？

　（会場）　事業所や商工会関係と重なるかもしれませんが，私の地域では，コンビニの店長さんが協力して防犯のポスターやキャンペーンを行なっています。そのほか，居酒屋チェーンの店長さんも防犯活動に協力をしてくれるようになりました。

　ありがとうございます。では，時間があまりないので私のほうからついつい忘れがちなステークホルダーを追加します。まず，防犯隊のメンバーです。これは一番重要な関係者ですね。同時にそのメンバーの家族です。どんなに本人に意欲や能力があっても，家族の理解や家族の健康状態など家庭環境が許さなければ，防犯活動は遂行できません。リーダーは最低限メンバーの家族も視野に入れて活動するべきでしょう。そのほか，マスメディアです。新聞，テレビだけでなく，今ではケーブルTVやインターネット放送局などさまざまな媒体が増えています。地域住民の防犯意識を啓発する際には欠かせないステークホルダーですね。そのほか，地域の非営利活動法人，とくに，環境NPO・NGOなどは清掃活動も進めていますので，連携の可能性はあるはずです。地域美化は防犯の第一歩ですからね。加えて，やや具体的ですが，交通・輸送関係団体です。彼らは地域を走り回っていますので，できる限り協力を仰ぐべきでしょう。実際にシンガポールでは，タクシー会社や運送会社と警察，地域が協力しあって犯罪防止に力を注いでいます。おそらく，具体的に掘り下げていけば切りなく組織名，個人名が出てくると思いますが，一度，組織を立ち上げる段階で，こうした関係者すべてをマッピングすることをお勧めします。その過程で，役割分担であったり，相互の協力の方向性などが見えてくるでしょう。また，組織名をあげた際は，必ず，その組織のキーマンとなる人物をあげるように心がけてください。同時に，防犯隊のリーダーはその関係組織のトップといつでも瞬時に連絡がとれるようにしておくことが必要です。今の時代，「○○さんとネットワークをもっている」という定義は，携帯電話もしくはメールでその場で連絡がとりあえることだといわれています。防犯リーダーは地域の主要なステークホルダーと常に情報交換もしくは雑談ができるくらいの関係を築いてお

いてください。要するに、友達になっていればよいわけです。

質問6　防犯隊の理想とする組織概要を教えてください。

　立ち上げた1年後の理想として、メンバーはどれぐらいの人数で、専用施設・設備があるのかないのか、活動内容はどのようなものでどれくらいのボリュームなのか。もうすでに防犯隊と同じ種類の組織をつくられている方は、それを書いていただいてもけっこうです。

　では、もう当てませんので、その場で挙手をお願いします。理想のメンバー数は10人未満だと考えている方？――30人程度？――50人程度？――100人以上？――ありがとうございます。当然ですが、かなりばらつきがありましたね。こぢんまりと地道に活動したい人、どんどん人数を増やし精力的に活動したい人、あまり考えていない人、さまざまでしょう。そのほか、施設・設備は絶対にいる派と施設・設備なんかいらない派でも大きく対立するでしょう。また、最も議論になると予測されるのが活動内容ですね。だからこそ、お互いの理想イメージのギャップを確認し、ゴールのすり合わせを準備段階でしていただきたいのです。

　では、ここまでのまとめです。組織の立ち上げに関して一言で申しますと「準備に失敗することは失敗を準備すること」です。私自身、この言葉を常に言い聞かせてはいるもののいつも反省ばかりしていますので偉そうにはいえませんが、経験上、組織は準備がすべてだと思っています。準備を怠ると失敗を招いてしまうのです。だからこそ、先ほど質問にあった理想のまち、組織のビジョンやミッション、リーダーの役割、組織概要などの質問を自分に投げかけ、具体的に明らかにしてこそ準備完了となるのです。リーダーというのはまず準備をしましょう。

組織の目標設定

　いかなる組織も活動をしていくうえで目標が必要です。また、目標の立て方で組織のパフォーマンスが大きく異なってきますので、その組織にとって適切

で明確な目標設定を行なっていきましょう。

質問7　防犯隊の初年度の具体的な目標を掲げてください。

　ここで考えなければならないのは、目標設定したものを1年後に当事者だけでなく第三者でもチェックできるかという点です。目標はできるかぎり具体化・数値化してみてください。「初年度の目標」という点にも注意してください。では、いかがでしょうか。

　（会場）地域内の空き巣犯罪をゼロにする。
　（会場）地域パトロールを毎日、昼、夜と2回行なう。
　（会場）若手の新規メンバーを10名増やす。
　（会場）犯罪者が1人も寄りつかないまちにする。

　いずれも具体的な数値になっている点においては正解です。しかし、成果目標と活動目標が混在していますので、それぞれの違いを整理したいと思います。前者は対象物が組織活動によって変化する効果や成果をさします。活動の前後で「何」が「どのように」変わったのかを示すものが成果目標です。たとえば、最初にお答えくださった方の「地域の空き巣犯罪をゼロにする」はまさしく成果目標です。一方で、活動目標とは成果目標を達成するために設定する組織の活動自体をさします。たとえば、2番目にお答えいただいた「パトロールを毎日2回行なう」などは活動目標になります。仮に、毎日のように犯罪が起きても地域パトロールを毎日2回欠かさず実施すれば活動目標は達成したといえるでしょう。ゴミ拾い活動やあいさつ運動のノルマなども同類です。「新規メンバーを増やす」といった組織のメンバー構成についての目標も活動目標といえます。極端にいえば、活動目標とは成果がまったく出なくても達成することが可能なのです。

　最後にお答えいただいた「犯罪者が1人も寄りつかないまち」は数値化しているのですが、犯罪者が寄りついたか否かを評価することはきわめて難しいので改める必要があります。目標というものは決められた期限において達成できたかどうかが評価可能でなければなりません。防犯組織において、活動目標は比較的容易に数値化できると思いますが、成果目標を適切に設定するのは多少ハードルが高いかもしれません。しかし、1つコツを覚えてしまえば、そのハードルも越えることができます。仮に「安心なまち」をキーワードとした場合、

どのような成果目標が設定できるでしょうか。単に「安心なまちにする」では曖昧すぎて評価のしようがありません。先ほども説明したように成果目標は活動前後で対象物が変化することが条件です。対象物を「まち」にすると評価が難しくなりますが，「ヒト（＝地域住民）」にすることで条件を簡単にクリアできるのです。たとえば，「安心なまちだと思う地域住民を3割増やす」などは成果目標になりえます。手法としては住民アンケートやグループヒアリングなどの意識調査です。もちろん，こうした意識調査の結果を成果目標として掲げるならば，事前に一度，活動前の数値を調べておく必要があります。

評価時に注意するべき点は，成果目標と活動目標の関係性です。活動目標はすべて達成しているのに成果目標が達成できていないことがしばしば起こります。その場合は活動目標の設定に問題がないか検討し，活動目標を見直すことを勧めます。

リーダーシップとフォロワーシップ

さまざまな分野でリーダーシップに関する研究がなされていますが，今日は皆さんに1つだけ覚えていただきたいことがあります。それはフォロワーシップの重要性です。聞きなれない言葉かもしれませんが，個人的には，今後，注目してもらいたいテーマです。

質問8　リーダーのあなたにしかできないことは何ですか。
　（会場）　みんなの意見を収集しビジョンをつくったり，組織を1つにまとめること。
　（会場）　メンバーの行動に対して厳しく注意することや叱ること。
　（会場）　プライベートなことでも，親身になってメンバーの相談相手になってあげること。メンバーのやる気を引き出すこと。
　（会場）　組織に関する事務処理を行なうこと。組織のビジョンや理念を具体化すること。

ありがとうございます。皆さんにしかできないことはたくさんあるようです

ね。いくつあがりましたか。それが多ければ多いほど，皆さんは組織には欠かせない存在ということですね。しかし，はたして自分にしかできないことが多いことはよいことなのでしょうか。リーダーの多くは自分にしかできないことを増やしていきがちです。それがある意味これまでのリーダーシップ論の主流でした。しかし，最近ではリーダー頼りのマネジメントでは組織は継続的に力を発揮できないことがわかってきました。リーダーこそが自分しかできないことを極力減らしていく。自分ができることは自分以外の人に引き継ぐ姿勢が組織を活性化させるのです。そうするとメンバーはサポートをしやすくなる。情報についても同じです。自分だけしかもっていない情報をいかに減らすかが本当のリーダーといえるのです。

　日本ではリーダーたるもの，どのレベルの人間からも信頼を得えたうえで組織のトップに立つべきだという雰囲気が強いようです。リーダーは何をやらせても一番でなければならない，つまりスーパーマンでなければならない。リーダーは存在自体の力が評価される傾向が強いといえるでしょう。また，多くのリーダーが自分の個性に関係なく，だれもがそうした完璧なリーダー像を求めがちです。ただし，視点を変えてリーダーを「存在」ではなく「役割」という角度から見てみると，皆さんもリーダーという重荷が多少は取れるはずです。これまで組織においてリーダーだけが注目を集めてきましたが，役割分担の視点で考えるとリーダーだけでなくフォロワーの役割が重要となってきます。リーダーシップという言葉は昔から頻繁に使われており，リーダーシップ論においては，アカデミックの分野や実学としての経営学の分野でも，限りない議論がなされています。しかし，フォロワーシップという言葉はまだ日本ではほとんど聞かれないし，まだ歴史は浅いです。私の持論ですが，今後はフォロワーシップがますます重要となってくると思っています。メンバーが組織の中で，リーダーをどのように支援するか，それぞれの役割をどのように果たすか。聞きなれないフォロワーシップのイメージをもっていただくために，ここで簡単な事例をご紹介しましょう。アメリカズカップ（ヨット競技）に出場したあるチームの話です。

　「われわれのメンバーはすべてリーダーであるスキッパーの指示に従って動いています。しかし，だからといって，スキッパーの判断力のレベル

によって勝敗が決まるわけではありません。最終的に勝敗を決めるのは，彼の判断力の正確さよりも，他のメンバーの予測力と実行までの速度にかかっているのです。重要なのは，彼らがスキッパーの指示を単にこなすことではなく，スキッパーの指示を正確に予測し，いくつかのオプションを常に用意し，判断が下されてから実行までの時間を極力縮めることなのです」。

この状況下では，判断を下すという役割がスキッパーにあるだけで，力関係は他のメンバーと同一です。スキッパーが下した判断をフォロワーがいかに早く支援できるかに勝敗はゆだねられるということになります。

フォロワーシップという概念は，欧米では少しずつ認知されつつあります。多くの成功者が残した組織の形態は，リーダーの力が直接的に目標達成に貢献した割合は20%だそうです。リーダーの役割が20%の状態で組織が動いているときに大きな成果を上げる。最近はこのような理論が出てきましたので，皆さんも，自分がいなくなったときに組織がどれぐらい回るのかを考えながら活動を進めてください。あなたがいなくてその組織が8割機能していたら，それは成功の1つといえるでしょう。

リーダーEQ

次に，メンバーのモチベーションをどのようにして向上させるか。この命題を考えていきたいと思います。今日は，最近，企業研修などでも取り入れられているEQという手法を使ってみたいと思います。皆さんIQはご存じですか。IQ（Intelligence Quotient）とは知能指数と訳され，その人の知的レベルを測るものとして歴史の深いものです。では，EQをご存じの方は手をあげてください──（挙手，数名）。EQ（Emotional Intelligence Quotient）とは，知能指数ではなく，「心の知能指数」と呼ばれ，感情のコントロール能力ともいわれています。今日はリーダーの資質を育成するために作成したEQテストをや

っていただきますので，あまり深く考えすぎず正直にお答えください。

では，ルールを説明します。今日はリーダーに必要な資質として重要な3つのテーマに沿って設問を用意しました。それぞれ4つの設問に対して，当てはまる点数を次の要領に従って答えてください。最後にその4つの点数を合計してみてください。

　　かなり当てはまる＝3点
　　やや当てはまる＝2点
　　あまり当てはまらない＝1点
　　ほとんど当てはまらない＝0点

まず，リーダーEQの最初のテーマは「メンバーを集めるEQ力」です。すばやく点数を書き込んでください。

設問1　理想の組織のイメージを，人にわかりやすく説明できる。
設問2　この仕事に対して，熱意や思い，こだわりなどがある。
設問3　普段から，だれと会っても，自分のほうから声をかけている。
設問4　困ったときにいつでも相談できる相手が5人以上いる。

それでは4つの点数の合計はいかがでしょうか。12点満点ですので，8点以上であればメンバーを集めるEQ力はもち合わせているといえるでしょう。10点以上ある方は自信をもってけっこうです。8点未満の方，落ち込むことはありません。EQは意識するだけで変えることができるからです。

それぞれの設問を簡単に説明します。まず，設問1は先ほどの組織の立ち上げに関する質問2，3，6（理想の地域像，組織ミッション，組織概要）を常に問いかけ具体的にイメージできていれば問題ありません。設問2に関していえば，リーダーシップに不可欠な情熱です。どんなに論理的で敏腕なリーダーでも人間臭さのようなヒトとしてのエネルギーを発しなければ人は集まってきません。設問3と4は，リーダーの包容力にもつながりますが，常に，オープンマインドの姿勢でいられるかという投げかけです。だれしも中途半端に地位や立場が上がると，他を上から眺め横柄になりがちです。とくに，普段のあいさつなどは，下の者から上の者にするべきだという風潮さえ広がっています。しかし，ここに集まった皆さんはけっしてそうならないでください。あいさつや声かけこそ，立場の上の者いわゆるリーダーのほうからしてほしいのです。そ

もそも，あいさつという言葉は仏教用語で，位の上の者が弟子に「調子はいかがか？」といった投げかけをすることを意味していたようです。

おそらく，防犯対策としてあいさつ運動を重視している地域は多いと思うのですが，1つ質問です。アカデミーは今日で3日目ですが，現時点で参加者の方の全員とあいさつもしくは話をしたという方はいらっしゃいますか？――（会場挙手）。3，4人ぐらいですね。ここで再度，認識していただきたいことは，本アカデミーに集まっている方々は大きな意味で，同じ目的をもっているということです。もっと極端にいえば安全・安心なまちづくりをめざした仲間です。毎回，席も決まっているのですから，防犯リーダーがアカデミーで毎週隣に座っている方とあいさつもしないのはちょっと寂しい気がします。せっかくの機会ですので，今から，1分間皆さんに差し上げますので，名刺交換をするなり自己紹介をするなりしてネットワークを広げていってもらいたいなと思っています。それこそが皆さんの財産になります。では，どうぞ――（1分間，あいさつタイム）。はい，終わりです。いかなる状況でも自分から声をかけること，リーダーこそが心がけてほしい姿勢ですね。

設問4は，リーダーということを意識しすぎて孤立していないかという問いかけです。リーダーが悩みを抱え込まず常に仲間に相談する姿勢をとっていれば組織全体に一体感が生まれ，かつ，いち早く組織の課題を浮き彫りにする体制になります。

次のテーマは，いざ集まってくれたメンバーのモチベーションを維持・向上するためのEQ力に関するテストです。

設問5　感謝やねぎらいの言葉を，いつもメンバーに伝えている。
設問6　やりたくないことほど，自分が率先して行動している。
設問7　不平や不満には，その相手の背景や心情をよく考えて対応している。
設問8　メンバーから意見を聞き出し，どんどん取り入れようとしている。

いかがでしたか？　これも8点以上あれば自信をもってください。設問5については，メンバーの日々の努力をあたりまえとしないことが重要です。自分の基準で他のメンバーのがんばり具合を評価すると「私がこれだけやっているんだから，みんなもそれくらいやってあたりまえだろう」とついつい思いがち

です。「防犯隊なんだからパトロールするのは当然だろう」と思ってはだれもやる気は出ません。じつは，心理学的にもリーダーが忙しくなればなるほど他人への評価が厳しくなる，いわゆる感謝やねぎらいの気持ちが低下するといわれています。皆さんも普段の生活で思い当たる節がありませんか。それゆえ，忙しいときこそ他のメンバーへの感謝やねぎらいの言葉を伝えましょう。思っているだけでは伝わりません，きちんと言葉で伝えることが大切なのです。「ありがとう」の一言だけで人間がんばれるものです。ただし，その活力となる「ありがとう」を言う前に，細かいミスやほかの仕事に気をとられ，「この部分はこれではダメだ」「あれはやったの？」などと自分の都合だけを押し付けるとメンバーのやる気は一気になくなってしまいます。リーダーが一番汗をかくのは当然です。そこには目をつむり，他への小さな「ありがとう」を重ねてもらいたいものです。

　設問6については，リーダーが常に率先して体を動かしていれば，他はおのずと動くものです。また，いざというとき，どんなにつらい仕事を他のメンバーに依頼しても抵抗感がなくなります。いくつかの企業では会社のトイレ掃除を毎日社長がやっている例があります。また，客のクレーム対応はクレームの大小にかかわらず社長がすべて行なう企業もあります。設問7は，他人からの不平・不満の裏にある本質的な問題を考えているかという投げかけです。個人に対しての不平・不満なのか，組織に対しての不平・不満なのか，組織の方向性に対する不平・不満なのか，リーダーがその区別をきちんとしなければ，単に自分が文句を言われているのかと勘違いして相手を攻撃してしまいます。組織のために勇気を振り絞って放った発言で攻撃されては，モチベーションが低下するのはあたりまえですね。設問8では，メンバーの存在価値を高めてあげることの重要性を提示しています。ただ単に，仕事を割り当てられてこなすだけではロボットと一緒です。いかに1人ひとりが，組織の中で存在意義を感じることができるかが，モチベーションを維持するために必要なことです。そのためには，「あなたの意見はどう？」「あなただったらどうする？」といった質問を常に投げかけ，当事者意識や貢献度を高めることが有効です。

　さて，最後のテーマはメンバーを育成するEQ力です。

設問9　1人ひとりの長所を，それぞれ5つ以上あげられる。

設問10　相手の話は，最後までちゃんと聴いてから，自分が話すようにしている。
設問11　組織の理想の姿について，メンバーと話す機会を意識的につくっている。
設問12　1人ひとりの不得意なことを理解し，相手に合ったサポートをしている。

　設問9では，周囲のすべての人について長所を認識しているか。やはり人間は自分のよいところをわかってもらっているというのが信頼関係を築くうえでの条件だといえます。長所を理解したうえで，足りない部分を指摘するのであればだれしも耳を傾けてくれます。また，長所だけを見つめてあげることで，短所も自然に克服するケースも多々あります。一度，皆さんもメンバー全員の長所を5つ以上紙に書いてみるとよいでしょう。設問10では，相手が話を始めたときに途中で口を挟み，自分の意見を押し付けていないかという投げかけです。相手の意見や言い分を消化不良にしてしまうと，次に同じ問題に直面しても自分で解決する力が備わりません。相手が間違っていると思っても最後まで意見を言わせることで言動に責任をもたせ，個として自立させてください。設問11については，個人の役割や理想だけではなく，組織全体のビジョンやミッションを議論しあうことで，幅広い視野をもってもらい次世代のリーダーを育成することが可能となります。設問12では，人にはそれぞれ必ず得意不得意がありますので，適材適所を心がけた組織づくりをしていこうという投げかけでした。

　皆さん，リーダーEQはいかがでしたでしょうか。じつは先ほど，それぞれ8点以上あれば自信をもってくださいと申しましたが，あくまでもこれは自己採点なので，機会があれば匿名で他のメンバーに自分の評価をしてもらってください。もしかしたら，まったく違った数字が出るかもしれません。正式なEQテストは，先ほどのような設問が多数あり，本人だけでなく職場の上司や同僚，後輩，友人など幅広いネットワークから情報を吸い上げ分析します。EQは心がけ1つで伸ばすことができます。なので，今日だけにとどまらず，先ほど紹介した設問を月に1度は問いかけてみてください。もちろん，自分なりにアレンジしてもけっこうです。最終的には意識せずに，自然にやっているようになれば最高ですね。このリーダーEQテストはEQの専門家である小和田有美さんにご協力いただきました。

情報のマネジメント

インターネットや携帯電話などの情報通信技術の発達にともない，われわれが取り扱う情報の性質が少しずつ変わってきました。本日はその変化を慶應義塾大学の金子郁容先生（慶應義塾大学大学院政策・メディア研究科教授）のご意見を参考にして私なりにまとめたものを紹介します。

情報の種類を大きく2つに分けて説明します。1つは静の情報，もう1つは動の情報です。IT化の促進，価値観の変化，時代の潮流などにより「静の情報」から「動の情報」へと変わってきています。個人の日常生活に焦点を当てた場合，これまでは本や新聞を読む，テレビやラジオを視聴するといった情報を収集する作業が大半を占めてきました。要するに情報とは入手するものでありメディアや活字媒体などの特定の場所に存在していました。また，情報の量には限界があり，データや知識をできるかぎり積み重ねることが組織や個人にとって優位とされてきました。それが「静の情報」の特徴です。一方，今日，インターネットの普及や出版事情の緩和などの影響もあり，個人が不特定多数の人に対して情報を発信するようになってきました。たとえば，ホームページやブログなどは個人が体験談や思想を含んだ情報を世間に発信することが目的です。ヒトは他人が書いたメッセージを読み，そのヒトなりのメッセージを再度発信します。それをまた他人が読んで発信する，その繰り返しが延々と続きます。要するに，情報は常に動いており，無限に広がっていくわけです。情報を発信することによって新たな情報収集の機会を得られることが「動の情報」の特徴です。

◆ 表2-8 静の情報と動の情報について

静の情報	動の情報
・情報は入手するもの ・情報は特定の場所に存在 ・情報の量に限界がある ・情報は情報を集めて増やすもの	・情報は発信するもの ・情報は常に動いているもの ・情報の量は無限である ・情報は動かして増やすもの

一言でいうと情報収集力とは情報発信力です。これからの時代，常に情報を発信する人に有力な情報は集まってきます。皆さんも，自分がもっている情報をできるかぎりまわりの人に提供することを心がけてください。たとえていうと情報は生ものです。早く料理して食べてしまわないと腐ってしまいます。なぜなら今日のように高度情報化が進んだ社会では，ある情報を自分だけが永遠に保持することがきわめて難しくなっているからです。仮に保持できたとすれば，それはたいした情報ではないということでしょう。だからこそ，リーダーは情報の賞味期限をしっかり考慮し，目前の都合の良し悪しにかかわらず，どんどん情報発信してください。

リーダーの判断と決断

　最後になりましたが，組織をまとめていくうえで，私が個人的に意識していることをご紹介します。大学4年生のとき，私は早稲田大学ラグビー部で主将を務めていました。今とは違ってまだまだ学生の自主性が重んじられていた当時，選手選考の権限は主将にも与えられていました。ある日，レギュラーの選手が怪我をして，その穴を埋めるためのメンバー選考を行なわなくてはならないときがやってきました。極端にいえば，不器用だけれども直向で信頼の厚い4年生を出すか，もしくは，体格と才能に恵まれた将来性のある若手を出すか。これは，スポーツにおける多くの指導者やリーダーが抱く永遠のテーマでしょう。そのような二者択一を迫られている最中，当時コーチをしてくださっていた方が，私の部屋にやってきて言いました。
　「とにかく一日も早く，勢いのあるほうをレギュラーに選べ。そして，早くチームになじませろ。どんなにお前が考えたところで，2人の差は，開かない。」
　たとえば，3週間費やさなければ見極められない選択は，しょせん，微々たるものなのです。だからこそ，早く選び，早くなじませろとそのコーチは言ったのです。ある困難な選択を迫られたとき，凡人は往々にして答えを出した瞬間に安心してしまいます。どちらをレギュラーにしたほうがよいかを悩んだ時

間までも成果にしがちです。しかし，選考というのはあくまでもゼロの地点であり，その選手をいかにチームの一員として仕込むかがリーダーやコーチの役目なのです。このころから，私なりに使い分けている言葉があります。判断と決断です。

判断とは，過去の事象について検証すること。

決断とは，未来の事象について方向性を打ち出すこと。

英訳すれば，よりわかりやすいのですが，判断は Judgment，正しいか否かを判定するもの，たとえば，裁判官の判決がそれです。一方，決断＝Decision は，第一歩を踏み出すための選択で，たとえば，主将の選手選考が当てはまります。両者の違いは，その基準にあるのです。判断の基準は正しいか否かに対し，決断の基準は，早いか遅いか，または，強いか弱いかです。いかに早くアクションを起こし，いかに強く信じることができるか。これが決断のポイントだと思います。リーダーとして組織をまとめていく際，判断する力よりも決断する力のほうが重要になっていくでしょう。よって，未来のことに関しては，あまり正しい正しくないを意識するよりは，強く信じ，早く行動することを心がけてみてください。

最後に

組織をまとめていくイメージはつかめましたでしょうか。本章は質問を交えながら進めてきましたが，少しでも組織をマネジメントする際の考えるきっかけになれば幸いです。あたりまえの問いかけほど，組織の共通認識を測る指標となります。その共通認識の厚さこそが組織の底力です。底力を付けるためにも，時に立ち止まって，自問自答してほしいと願います。

世の中では凶悪な犯罪はとどまることなく相次いでいますが，希望の光は徐々に広がっていると確信しています。一日でも早く，地域の防犯活動を行なっている皆さんの地道な努力が報われ，日本中が安全・安心なまちになることを願ってやみません。

Part 2　地域防犯活動のための基礎理論

【ボランティア組織のマネジメント】

次の前提条件を踏まえ，質問に答えてください。
　〜現在，皆様の地域では多くの犯罪が起こっています。そこであなたは地域の安全を取り戻すために，安全・安心まちづくり防犯リーダーとして，半年以内に防犯組織，防犯隊を立ち上げていくことになりました。〜

質問1　なぜ防犯隊を立ち上げるのですか。そもそもなぜ防犯隊を立ち上げる必要があるのですか。

質問2　あなたが理想としている「安全で安心できる町」とはどんな地域ですか。

質問3　防犯隊がやるべき最も重要なことは何ですか。

質問4　安全・安心まちづくり防犯リーダーとしてのあなたの役割は何ですか。

質問5　防犯隊の活動に関係する人・組織（ステークホルダー）をすべてあげてください。

質問6　防犯隊の理想とする組織概要を教えてください。

質問7　防犯隊の初年度の具体的な目標を掲げてください。

質問8　リーダーのあなたにしかできないことは何ですか。

4 ボランティア組織のマネジメント

■リーダーEQについて

次の設問について該当する点数をそれぞれ記入して項目ごとに合計値を出してください。

かなり当てはまる	＝3点
やや当てはまる	＝2点
あまり当てはまらない	＝1点
ほとんど当てはまらない	＝0点

＜メンバーを集めるEQ力＞

	点数
設問1　理想の組織のイメージを，人にわかりやすく説明できる。	
設問2　この仕事に対して，熱意や思い，こだわりなどがある。	
設問3　普段から，だれと会っても，自分のほうから声をかけている。	
設問4　困ったときにいつでも相談できる相手が5人以上いる。	
合　計	

＜メンバーのモチベーションを維持・向上するためのEQ力＞

	点数
設問5　感謝やねぎらいの言葉を，いつもメンバーに伝えている。	
設問6　やりたくないことほど，自分が率先して行動している。	
設問7　不平や不満には，その相手の背景や心情をよく考えて対応している。	
設問8　メンバーから意見を聞き出し，どんどん取り入れようとしている。	
合　計	

＜メンバーを育成するEQ力＞

	点数
設問9　1人ひとりの長所を，それぞれ5つ以上あげられる。	
設問10　相手の話は，最後までちゃんと聴いてから，自分が話すようにしている。	
設問11　組織の理想の姿について，メンバーと話す機会を意識的につくっている。	
設問12　1人ひとりの不得意なことを理解し，相手に合ったサポートをしている。	
合　計	

5 マスコミから見た安全・安心まちづくり
——生きた教科書・ご近所の底力

● 黒川　敬
（NHK 番組制作局デスク）
上智大学法学部卒業後，NHK に入社。大阪放送局勤務を経て，現在「難問解決！ご近所の底力」(NHK 総合テレビ)担当デスクとして活躍。その他，「住宅街の防犯」「マンションの防犯」などの番組も制作。

　NHK で好評放送中の「難問解決！ご近所の底力」は，ご近所で力を合わせて地域の身近な問題を解決しようと，平成 15 年 4 月から始まりました。視聴者が番組に参加し，みずからの力で地域をよりよく変えていくことが評価され，人気番組となっています。
　これまで 100 を超える「お困りご近所」と呼ばれるご町内が，「空き巣」「犬のフン害」「抜け道を走る暴走車」「ひったくり」「落書き」など身近な問題の解決を訴え，参加してくれました。
　番組には，同じ問題を抱えながらそれを解決した全国のご町内の皆さんにもスタジオに来ていただいています。両者で互いに議論してもらい，「お困りご近所」の皆さんには，これから取り組む目標を「決断」してもらいます。そして，番組は「お困りご近所」のその後も取材をし，2 か月に 1 度，その後の取り組みも検証して放送しています。
　じつは「お困りご近所」が解決に取り組むプロセスそのものが，全国の地域が防犯組織を立ち上げ，運用していくうえでの，生きた教科書となっています。

「何が原因で失敗したのか」、逆に「問題解決のブレイクスルーは何だったのか？」、番組に挑んだご近所の皆さんの奮闘の軌跡から、地域で防犯組織をうまく運営するコツを紹介します。

空き巣撲滅に挑戦：杉並区馬橋地区

◆ 苦労の連続

　第1回目に登場したのが、杉並区馬橋地区。取材を始めた当時、この地域は東京で「空き巣」が最も多かったまちでした。驚くべきことに1年間で98件、3日に1度の割合で「空き巣」の被害が発生するまちだったのです。ところが、馬橋地区はご近所の底力に参加後、4か月で「空き巣」の件数をなんとゼロにしました。その秘密は、番組をきっかけに立ち上げた「防犯パトロール隊・ご近所づきあい広目隊（ひろめたい）」でした。

　馬橋地区の皆さんが参考にしたのは、神戸市北須磨地区が取り組んでいた「あいさつ運動」。

　北須磨地区では、まちぐるみであいさつ運動を広めることで不審者が入りにくい環境をつくり、空き巣対策に取り組んでいました。実際、調査によれば、空き巣が犯行をあきらめる理由の第1位は、「住民にジロジロ見られた」です。あいさつの効果は確かめられていました。

　ところが、このあいさつ運動は失敗に終わりました。

　番組で放送したシーンです。番組に参加した方が、道行く知らない人にもあいさつを始めました。ところが……

男性　こんにちは、寒いですね。こんにちは、いいお天気ですね。
ナレーション　なかなかあいさつが返ってきません。
男性　反応なしでございましたね。
女性　おはようございます。おはようございます。いや、悲しいかも。おはよう……。

ナレーション　年々薄れていく一方のご近所づきあい，都会の真ん中であいさつの輪を広げるのは並大抵のことではありません。

あいさつの声をかけても，だれも返事をしてくれなかったのです。いったいどうしたらよいのか，「ご近所づきあい広目隊」の皆さんは再び集まり対策を練りました。
そのときのやりとりです。

女性　なるべくあいさつをしようと心がけておりますが，やはり返ってくるのは少なくて，「何で私にあいさつするの，この人」というような目で見られたりしていますから。
女性　返ってこないと，何かむなしいものがありますよね。
男性　あいさつをする活動を……。
ナレーション　なかなか広まらないあいさつの輪に，完全に行き詰まっていたのです。どうしたらいいのやら，3時間にわたる議論が続きました。そのときです。
男性　1人じゃ，やっぱりみんなが「変なおっさんだな」とか「変なおばさんだな」とか，そんなようにしか見ない。どこか1か所に決めて，みんなでそこをまず集中的にだだっとやると。で，そこから弾みをつけたらいいんじゃないかな。

3時間に及ぶ話し合いの末，馬橋地区の皆さんが出したアイディアは，「あいさつパトロール」。1人が怪しまれるなら集団で声をかけ，ついでにまちを見回る。名づけて「あいさつパトロール」でした。パトロールは，世田谷区の妙案の「派手に目立って，効果を上げているパトロール法を真似，蛍光色のジャンパーを着て行なうことになりました。余談ですが，この蛍光色ジャンパーが，今，全国で広がっている「防犯パトロール」ユニフォームの原型です。
しかし，さらなる問題がありました。人手です。仕事をもつ人が多く，広目隊だけでは昼間のパトロールはできません。そこで，広目隊の有志がまちを回って参加を呼びかけました。しかし，2時間近くまちを歩いたものの，参加を

約束してくれたのはわずか1人でした。パトロール開始のぎりぎりまで人集めに走り回る姿に、少しずつですが援軍も現われました。地元の商店街のご主人は、まちのための活動ならばとユニフォームを格安でつくってくれたりもしました。これまで疎遠だったご近所の関係が、少しずつですが変わり始めていったのです。

そしていよいよ、パトロールの初日。午前11時、ご近所から次々と人が集まってきました。声をかけた人、うわさを聞いてやってきた人、総勢30人。大勢で歩きながらあいさつをしてみたところ、ちゃんとあいさつも返ってきます。相手がパトロール隊だと、あいさつも返しやすいようです。

参加者の1人は、こうインタビューに答えています。「昔の日本みたいな地域社会というのはもうあり得ないと思っていたんですが、そうじゃなかったことが非常にうれしいです」。

◆ ピンチはチャンス

われわれが番組を制作するうえで、どのまちをお困りご近所に選ぶかという基準があります。第1に、困っていること。しかし、それよりも重要なことがあります。それは、「難問を解決していく力のあるまちかどうか」です。

ある意味、「うちのまちは空き巣が多いです」と出演していただくというのは、けっして名誉なことではありません。しかしそこで負けてしまうまちは、対策に取り組んでも結果がついてこないと思っています。しかし、われわれが、番組づくりを通して伝えたいのは、「被害は多いけれども、それを克服してまちが実際によくなったということを見てもらう」ことです。全国の皆さんに、こうやって私たちはやれたということを見せてくれる代表例になってもらいたいと考えています。きっとこのまちは何かやってくれるぞという期待のあるまちとご一緒させていただいているというのが大切なポイントです。そういう意味で、まち全体がピンチを共有しているまちは強い。なんとかしなければ、という思いを1つにしやすい環境が整っているからです。

◆ 意外に知らないまちの住人

スタジオでの収録に集まるメンバーは、われわれスタッフが選んでいます。

30人の出演者を集めるために，毎回，少なくとも100人以上のまちの皆さんとお話をします。ところが最初は，町内会長さんたちに取材をもちかけると決まって，「いや，うちのまちには，まちのことを真剣に心配している人はあまりいませんから」と言われます。しかし，本当にそうでしょうか？

ところが，われわれがまちを歩くと，「自分たちのまちを何とかよくしたい」という思いをもっている人はけっこういらっしゃいます。その人たちは普段は，町内会の活動にも参加していないし，町会費も払っていないかもしれない。しかし今のまちの状況はよくない，なんとかしたい，と思っている人はけっこういるというのがわれわれの実感です。

つまり，町内会の皆さんは，まちのことを知らないのではないでしょうか。じつは，人材はいるんです。

さらに，おきまりのメンバーではなく，初対面の人でも組織は運営できます。なぜかというと，「空き巣を何とか減らしたい」という思いをもっていることは皆さん共通だからです。初めてお互いに顔を合わせて話し合って，「何だ，同じことを思ってたの」というふうな雰囲気ができてくるわけです。そうなってくると，「じゃあ何かやろうよ」というふうに変わっていけるのです。

「ご近所の底力」はあくまでも，きっかけづくりのお手伝いをする番組なんです。どのまちも，きっかけさえあればきっと動く。スタジオ収録は，いや応なしにきっかけが生まれていくということです。言いたいのは，どのまちもやはり同じようにチャンスがあるということです。まちを変えたいという同じ思いをもっている人がいて，まちを変えるきっかけさえあれば動くという状況は変わりないと思っています。

◆ 失敗するまち

しかし，馬橋のようにどのまちも成功するわけではありません。失敗するまちには共通点があります。まず会議をやって，メンバーはだれで，そしてどういう頻度でまちを回って，こういう形でパトロールをやって，やりましょうとか，形を一生懸命つくろうとされる。すると何人か集まれば，必ず「それは無理じゃないですか」と批判する人もでてくる。その結果，会議ばかりやっているうちに「やっぱり難しいよね」というふうになってしまう。さらに，「空き

巣を捕まえるのはそもそも，警察でしょう。警察は何をやっているの」と言い出す人が出てきます。自分たちのことはさておいて，だれが悪いか責任探しを始めてしまって，自分たちが何かをしようというエネルギーよりもストップをかけるエネルギーが噴出する。

こんな例もあります。町内会の重鎮は，長年，町内会のリーダーとして孤軍奮闘されてきました。まちの人は協力してくれない中で，自分は一生懸命やってきたという自負が大変強い。ところが，テレビ出演をきっかけにあらたな組織が立ち上がります。すると「テレビに出たからといって急に若いやつらが出てきて，おれたちが今までやろうとしても何もやらなかったくせに，何をやってんだ」と言い出します。馬橋もこうした軋轢とは無縁ではありませんでした。

では，馬橋はどうやって乗り越えていったのか。キーワードは「できる人だけがやればいいじゃないの」という発想です。一見無責任なようですが，じつは，まず動く，そして実績を残す。これが成功の近道なんです。まちみんなの活動だから，全員の意思統一を待ってやろうとすると，まず失敗します。「5人だけでもやれれば，始めればいいじゃない」「その人たちだけでやっていけばいいじゃない」というふうに，ちょっと肩の荷をおろされたのです。

やれる人は最初は5人，6人でもいいじゃないかというふうになれば，始められます。何も最初から40人でローテーションを組んで，今日は何とかさんが回って，明日は何とかさんというふうにやらずに，できる人だけでやればいいじゃないのというところを，彼らはとてもうまくやられたと思います。

そもそも，みんなが参加してくれるまちなんてあるわけありません。そんな完璧なまちがあったら，最初から空き巣なんかいないわけです。「みんながやらなくては，始められないという幻想」をまず捨てることが，第1歩なんです。

さらに，そうすると，これまで町内会をひっぱってきたと自負のある方たちは，やることがなくなってしまうかもしれないとお思いですが，とんでもありません。皆さんには，これまで培った行政とのパイプがあります。たとえば先ほどユニフォームがありましたが，ああいうのも1個1個つくるのにも予算が必要です。行政とどんなふうに協力して予算を出してもらうかという話ができたり，警察から情報をもらったり，そういう強いパイプは新しく始めた人たちはもっていない。町内会の皆さんには，ぜひ縁の下で支えるような形で力を出

してほしいと思います。馬橋でも町内会の皆さんたちは，そうして役割を果たされました。

◆ **信念をもつ**

次に起きるのは，やっかみです。活動がうまくいってくると，逆に「あの人ばっかり目立って」「自分ばっかりいい格好して」という人が出てきます。しかし，ここでぜひ負けないで踏ん張ってほしい。まちのために役に立つことをやっている。何を言われても，空き巣を減らし，地域を安全にするための力になっているという信念を，どうかおもちいただきたいと思います。

マンションのまちで空き巣対策：西葛西

最近は，マンション住まいの人が多く，さらに地域で防犯活動をすることが難しくなっています。そこで登場したのが，江戸川区西葛西の皆さんたちでした。

西葛西は，開発が進む東京湾岸の一角です。都心にほど近い地の利から，最近，マンションの建設ラッシュが続いています。まちのお悩みは，そのマンションを狙った空き巣。西葛西周辺のマンションの空き巣被害は，去年およそ100件，じつに4日に1回のペースで起きています。なぜ，空き巣が多発するのか，住民いわく，マンションの住民のつきあいの薄さが原因だそうです。杉並の馬橋地区のように，まちをあげてのパトロール組織が立ち上げられないんです。しかし，西葛西の皆さんはあきらめませんでした。

◆ **空き巣撃退ネットワークの結成**

番組に参加した，お困りご近所が結成したのは，「空き巣撃退ネットワーク」。彼らがめざしたのは，広島の妙案。警察と住民が空き巣の最新情報を共有。事件が発生するたびに，各家庭に警察から速報が届きます。載っているのは手口とその防御策。これをもとに住民が直ちに対策を講じます。

空き巣撃退ネットワークの中心になったのは，町内会の役員ではなく，サラ

リーマンの男性でした。まず，皆さんは，地元警察の担当者を訪ね，広島の取り組みを説明。同じように，最新の空き巣情報を提供してほしいと交渉しました。警察は，住民の防犯意識向上に役立つならと，協力を約束してくれました。

しかし問題は，警察からの情報をどれだけ多くのマンションの人たちに流せるか，ということでした。オートロックに監視カメラ，マンションのまちではご近所に声をかけることすら難しいのが現実でした。

そのピンチを救ったのは1枚のファックスでした。リーダーの男性のもとに，うわさを聞きつけた住民からネットワークに加わりたいと申し出があったのです。自分のマンションには管理組合はないので，個人で参加したい。これが大きなヒントになりました。

そこでひらめいたのが，インターネットを使って情報を流すという方法でした。警察から得た情報を，ホームページで公開しようと考えたのです。内容は週替わりです。事件の日付や発生場所，そして手口などがわかりやすくまとめられています。これを見れば注意すべきポイントが一目瞭然，対策を立てやすくなっています。

さらに皆さんは，このホームページも見てもらうために，どうアピールするか，アイディアを絞りました。そこで強力なメンバーが登場しました。番組に参加した1人，プロのグラフィックデザイナーの男性が，ホームページをPRするポスターの制作をかってでてくれたんです。

さらに，主婦たちも協力をしてくれました。ホームページのPRを彼女たちは快諾，武器は強力な口コミです。つまり，インターネットを通じた目には見えない人のつながりが生まれ，マンションのまちに新しいご近所のきずなまで生まれつつあるんです。

このまちが成功した理由は，まず，あきらめなかったこと。そして，まちにいる人材をうまく生かしていることです。それがインターネットを使うアイディアに結実しました。そういうことに長けているのは，若いお父さんたち。一生懸命，現役で働いている忙しい皆さんゆえ，こうした分野でも高い能力を発揮できたんです。そうした能力のある人たちの力を生かさない手はないのではないかと。何も四六時中パトロールをやってくれというわけではなく，こういうふうに自分たちでホームページをつくるということも，1つの力になってく

れるのではないか。そのためのリーダーというのもあっていいのではないでしょうか。

この「空き巣撃退ネットワーク」は、その後、コンサートをやったりして仲間を増やしたり、「今週の空き巣情報」というのを個々にメールで配るような仕組みをつくるまでになっています。

◆ 行政の力を引き出す

「空き巣撃退ネットワーク」の成功は、警察とうまく協力関係を結べたことも大きな理由でした。なぜ、それが可能になったのでしょうか。それは、彼ら自身が汗を流し、それをもとに行政に訴えたからなんです。

じつは、行政というのは自ら働きかけてくれるまちのほうがサポートしやすいそうです。行政というのは「公平の原則」というのがあります。基本的には、どのまちにも同じようにサポートするというのが大原則です。そうすると、行政の側から「このまちだけをサポートします」というのはできないことです。ところがそれをブレイクスルーする方法があります。あるまちが「うちのまちはこんなにがんばっていて、こんなにやっている。だから、サポートしてください」というふうに行政にアプローチしたとします。そうすると、そのまちのほうが働きかけやすい。なぜかというと、ほかのまちから文句が出た場合に、「だって、あのまちはこんなにがんばっている。あなたのまちも同じようにやってください。だったら、喜んで同じようにサポートします」というふうに言えるんです。

多くの人は、行政が、何か私たちのためにやってくれるという前提を勝手に決め込んでいます。しかし、ご近所の底力はそのルールを変えました。どんどん声を上げるまちが、行政を巻き込んで、地域をよりよく変えています。

警察も同じです。われわれが取材をして、行政の方からよく聞くのは、「僕らはやりたいけど、住民の皆さんから声が上がってこなくて、何も動けない」という声です。皆さんが動くことが、一番行政の力を引き出すパワーになっている。

中には、「いや、おれたちはがんばっているのに、全然やってくれない」というところもあると思います。そういう場合はうちの番組に出てください、サ

ポートします。

若い人を仲間にするには

「ご近所で力を合わせてやるのがいいのはわかったけど，若い人が手伝ってくれない」という問い合わせが番組に多く寄せられます。どうしたらいいのか，先ほど登場した馬橋地区の例が，皆さんの参考になると思います。

杉並区馬橋地区の「ご近所づきあい広目隊」は，当番組への出演をきっかけに被害を一気に減らしました。「あいさつパトロール」に参加するメンバーは現在200人，そのうち，何とその3人に1人が30代以下です。

馬橋の人に聞くと，メンバーは身内から始めたそうです。たとえば，娘。そして娘のボーイフレンドとか，あとはおじいちゃん，おばあちゃんだとお孫さんから参加をお願いしたそうです。そうすれば，あとは若者どうしのつながりを利用して，芋づる式に輪を広げることができるそうです。また，パトロールのスケジュールも，若者が参加しやすいように工夫されています。都合がつくときに自由参加。これで，束縛を嫌がる若者も気軽に来られるようになりました。さらにメンバーとなった若者をつなぎとめる工夫がこちら。定期的にもちつきなどのイベントを行ない，チームとしての一体感を保つ努力をしています。

しかし，小手先の工夫だけでは若者の心はつかめません。参加した大学生に，その理由を聞きました。当初は気が進まなかったのですが，嫌々，会合に参加したそうです。参加はしたものの，みんなの議論を白けた気分で聞いていました。

しかし，たかがあいさつの話で3時間以上，真剣に議論する人たちを見ているうちに，いつの間にか自分もやってみようという気になっていました。

「自分たちの住んでいるところだから，自分たちで何とかしようという心意気に心をうたれました。でないと，そんなやる気のない人間についていく人なんかいません。それは何でも，仕事であっても。」

ご近所のことには関心がなかった若者を動かしたもの。それは，どんなことにも手を抜かず，無器用だけど一生懸命にがんばる大人たちの姿だったのです。

どうか，地域の防犯リーダーになる人たちは，ぜひ一生懸命，自分たちがまず動くことから始めてください。我慢強く続けることで，きっと若い人たちもついてくるのではないかというふうに期待したいと思います。

最良の妙案

これまで僕らがやってきたまちで，いろいろなテーマを扱ってきました。犯罪だけではなく，猫が増え過ぎて困っているとか，落書きが多くて困っているとか，どのまちにも共通していることは，「ピンチのまち」だということです。じつはピンチのまちというのはすごくよくなるチャンスがある。なぜかというと，皆さんが「何とかしなくてはいけない」という問題を共有しているまちだから，それはよくなったほうがいいに決まっています。だから，ピンチなまちであればあるほどそのまちはチャンスがあると思っていただいて，どうかその力を1つにするリーダーに皆さんがなっていっていただけたらと思います。

最後に，どんな難問解決にも役に立つ妙案をお授けします。それはぜひわが番組に参加していただくことです。これは確実によくなります。僕らはカメラで応援に行きます。行政が動かないというときに，一緒にカメラを持っていって「やりましょう」というふうにやることもできます。ぜひと思う方は，NHKの「難問解決！ご近所の底力」までご連絡をください。一緒に自分たちのまちが変わっていく姿を見ていくというのは，僕らも楽しいですし，時には涙することもあります。ぜひその輪の中に入っていただけたらと思います。

⑥ 少年非行の実態と対応
——若者との接し方

● 明珍　孔二
（警視庁生活安全部世田谷少年センター所長）
若者の街・渋谷センター街を中心に非行少年や不良行為少年の街頭補導，家出少年の発見・保護活動等の非行防止活動や少年の有害環境等の浄化対策を推進している。

　警視庁は増加する犯罪に対処するため，「犯罪抑止総合対策」を平成15年から実施しています。東京都も，東京の治安回復のために，犯罪を抑止するため「地域のリーダー」としていろいろ活躍していただこうと，地域の防犯リーダー育成のため対策を立てておられます。
　犯罪抑止総合対策は，平成15年を「治安回復元年」として，向こう3年間で10年前の治安水準に戻すと皆さんにお約束して，いろいろな対策を実施していますが，その対策の中に重点的に推進している大きな3つの柱があります。
　「非行少年対策」がその1点目です。2点目が「来日不良外国人対策」，3点目が「暴力団対策」ということで，警視庁の犯罪抑止三対策の第1に掲げられているのが，この非行少年対策になっています。警視庁においても，この犯罪抑止，とりわけ非行少年問題については大きな課題として種々の対策を実施しているところです。
　また，先般開催された都議会の所信表明演説の中で，石原都知事は，「われわれ大人は，若者の危機は日本社会そのものの危機であるということを正しく

認識しなければならない」と表明されています。そういうことで，いかに犯罪抑止，そして治安対策の中でこの非行少年対策が重要であるかということを，まずご認識をいただければと思います。

　警視庁における少年センター設置についてお話ししますと，昭和20年終戦となり，戦後いろいろな混乱がありまして，非行少年，そして不良行為少年として検挙・補導される少年も増えていきました。昭和38年になりますと，非行少年が約3万人，不良行為少年約33万人が検挙・補導されました。そうした状況に対処するため，非行防止対策の一環として民間有志の方々のお力が必要であるということで，同年に全国に先駆けて「少年補導員制度」が警視庁に発足しました。

　その活動の拠点になったのが少年センターです。第1号は浅草に開設されまして，以後，新宿，大森，立川，世田谷，巣鴨，江戸川，最後は平成11年3月に八王子に開所され，現在は8か所の少年センターが開設されています。昭和38年といいますと，ちょうど東京オリンピックの前の年，また「吉展ちゃん事件」（東京都台東区で起きた男児誘拐殺人事件）が下谷警察署管内でありましたが，そういう世相を背景とした年代です。

　少年センターの業務については，非行少年や不良行為少年の街頭補導，家出少年の発見・保護活動のほか，少年相談を実施しています。この少年相談というのは，各警察署でも実施していますが，少年センターにおける少年相談は，われわれ警察官もかかわっていますが，大学で心理学や教育学を学んだ臨床心理士等の先生が専門的に相談を受けています。この少年にはどういう対応をしてやったらいいのかということで，資質鑑別や性格判断など専門的なこともやっています。

非行少年の実態

◆ **用語の解説**

　「犯罪少年」とは，罪を犯した14歳以上の少年をいい，まさに少年の犯罪に

なります。

「触法少年」とは，14歳未満で刑罰法令に触れる行為をした少年。たとえば東京新宿で発生した「男子児童突き落とし事件」，長崎県下における「同級生による女子児童殺害事件」などの事件の子どもたちは14歳になっていませんので，刑罰を科すことはできません。法に触れる行為をした少年ということで，「触法少年」として犯罪少年とは別の取り扱いをしています。

「虞犯(ぐはん)少年」とは，成人にはない規定です。成人であれば，これだけ悪いことをしたから，あなたはこれだけ責任をとりなさいというのがルールですが，少年の場合には，これだけ悪いことをしたから，これだけ責任をとりなさい，ではなくて，これだけ悪いことをした，では将来再び悪いことをしないためにはどうしたらいいのだろうかというのが少年法の規定です。鑑別所送致だとか，少年院送致という言葉をよく聞きますが，あれはあくまで審判のための資質等の鑑別や保護処分であって刑罰ではありません。刑事処分ということで家庭裁判所から検察庁に逆送致され，成人と同じく起訴され，刑事罰を科せられたものは，成人と同じく刑罰ということになるわけです。

少年にはそのほかに，たとえば家出をして家庭に寄りつかない，親の正当な監護に服さないなど一定の虞犯事由があり，少年の性格または環境に照らして，将来こういった罪を犯し，または刑罰法令に触れる行為をするおそれがある，実際罪を犯していないんですが，その「おそれ」がある少年も，「虞犯少年」として家庭裁判所に送致することができますという規定があります。それらの少年は，非行を犯した少年と同じく鑑別所送致になったり，または少年院送致や保護観察等という処分になります。

ただここでご注意いただきたいのは，あくまで「おそれ」ですから「虞犯」ということですが，「何となく何らかの罪を犯しそうだ」ではだめだということです。たとえば皆さんが地域のリーダーとして活躍していただく中で，「あの少年は何か将来悪いことをやりそうだ」と。たしか東京都安全・安心まちづくりアカデミーで「虞犯少年」というのがあると聞いた。警察署に行って，「この子を虞犯少年として裁判所に送ってよ」と言っても難しい。具体的に，この少年は将来どういう罪を犯すおそれがあるのかということが必要となります。たとえば，「窃盗をやるおそれがある」「恐喝をやるおそれがある」「傷害をや

るおそれがある」，女子であれば，性非行として「売春防止法に違反するおそれがある」など具体的な罪名が必要となります。

少年たちは少年法や児童福祉法等多くの法律で保護されている反面，こういう大人とは違う特別の規定が設けられているということになります。一般にわれわれが「非行少年」と呼ぶのは，「犯罪少年」と「触法少年」，そしてこの「虞犯少年」をいいます。

「不良行為少年」とは，犯罪少年でも何でもない家出や無断外泊，怠学，深夜徘徊など「自己又は他人の徳性を害するおそれがある少年」ということで補導された少年ということです。たとえばお酒を飲んだ，タバコを吸った少年。たしかに未成年者飲酒禁止法とか未成年者喫煙禁止法で，「タバコを吸ってはならない」「お酒を飲んではならない」となってはいるのですが，罰則がありませんので，飲酒や喫煙も不良行為少年として補導の対象となっています。

「凶悪犯」とは，刑法犯の罪種別分類で殺人であり，強盗であり，放火であり，婦女暴行（強姦）で，この4罪を凶悪犯と警察では区分して呼んでいます。

「青少年」とは18歳未満の少年をいいます。

「深夜」とは11時から朝方の4時までをいいます。

◆ 少年非行の状況

少年の非行が増えたということがよく新聞などで報道されていますが，東京都内における刑法犯少年の検挙・補導というのは，ここ10年間，上がったり下がったり増減を繰り返していますが，長期的に見れば減少しています。たとえば平成6年を指数100とすれば，平成14年は77，平成15年は81ということで，平成15年は刑法犯少年，特別法犯少年，虞犯少年いずれも増加しましたが，10年の長さでみていくと，実数は減少しています。

しかし，少年人口も調べてみますと，東京都の少年人口は，6歳から19歳までですが，平成6年と平成15年では，やはり指数100だったものが81と同じ割合で減少しており，少年犯罪は数字的には減っているという話ではありますが，少年人口から見るとけっして減っているという話ではないということです。参考までに，少年人口は，平成6年が173万人，平成15年は140万人ということで，約30万人ほど減っている状況になります。

◆ 少年非行等のおもな特徴
(1) 凶悪犯少年の増加
　1点目が，「凶悪犯少年」が増加しているということです。平成14年に増加に転じた凶悪犯ですが，平成15年は314人とさらに増加したということ。昭和57年以来，21年ぶりに300人を超えてしまったということです。中でも，強盗が266人で，過去30年間では最も多く，凶悪犯の4罪の中では8割以上をこの強盗が占めているということになります。ちなみに，平成6年を100 (158人)とすると，平成15年は266人で指数が100から168と増加しています。
(2) 少年が約5割を占める街頭犯罪
　体感治安を悪化させている街頭犯罪は，約5割（47.7％）を少年が占めています。検挙数をみると，オートバイ盗は9割が少年，自動販売機荒らし，これは7割が少年ということになっていて，路上強盗，ひったくりは約6割が少年の犯罪となっています。
(3) 増加傾向にある女子非行
　非行少年や不良行為少年の女子の占める割合が，毎年増えてきているということです。非行少年の場合には21.2％，不良行為少年では24.2％ということで，過去30年間を見ても最高の割合となっています。
(4) 憂慮される薬物事犯
　「覚せい剤は減った。よかったね」と言っていますが，一方では，また新たにMDMAなどの麻薬事犯が増加しているということで，きわめて憂慮される事態にあります。
(5) 不良行為少年の増加
　これは平成元年以来，14年ぶりに7万人を超えています。

◆ 非行少年の補導状況
(1) 凶悪犯について
　非行少年の中高生に占める割合は58％で，全体の約6割を占めているということで，中学生，高校生の占める割合が非常に高い比率を占めています。
　中でも，凶悪犯が増えてきています。凶悪犯の中学生は，平成15年には41人です。平成14年は18人ということで，228％と倍以上の増加，このあたり

が少年非行の低年齢化といわれる理由の1つなのかなと思います。

　ちなみに，では，この殺人，強盗，放火，強姦という凶悪犯は，成人全体を含めて少年がどのぐらいの割合を占めているのかといいますと，殺人については3.9％，強盗については33.4％（そのうち路上強盗は60.8％），放火については30.9％，強姦については12.7％が少年の犯罪になっています。

(2) 粗暴犯について

　粗暴犯とは傷害，恐喝，暴行，凶器準備集合罪をいいます。凶器準備集合罪は本来，暴力団を取り締まるための法律でした。学生運動の激しかったころは，違法行為を行なう学生運動に適用されたり，最近では暴走族がほかのグループを襲う，または強盗するために金属バットを持って集合するということで適用されたりしています。この凶器準備集合罪については，検挙されている92％が少年たちであり，中・高校生はそのうち54％という実態にあります。

(3) 薬物事犯について

　薬物事犯は，中学生では平成15年に5件です。これは覚せい剤が1件で，麻薬が1件，毒劇——昔のいわゆるアンパン，シンナーを吸うのが3件，合わせて5件ですが，これは全部女子少年の非行です。それから高校生は39件で，覚せい剤が5件，麻薬が5件，大麻が14件，毒劇が15件，39件中12件が女子ということで，高校生の場合には約3分の1が女子少年，中学生の場合には全部女子少年となっています。

　私どもが実際扱った事件を見ますと，パケといってビニール袋に小分けされた覚せい剤があります。あれは1グラム入っていません。不良外国人なんかが密売しているのはだいたい0.4グラムです。全部計ると0.39とか0.38とか，手分けでやっていますからばらつきがあります。だいたい0.4グラム。密売されている値段はそれでだいたい1万円です。密売は，たとえば渋谷のセンター街あたりの不良外国人を見ますと，そこで密売するとすぐ捕まってしまうので，そこでは密売なんかけっしてしません。あそこから下北沢，笹塚，神泉などに移動させ，そこで密売を行ないます。30パケ，40パケといった密売のため隠匿したと思われる大量の覚せい剤を，自動販売機等の底などに磁石をつけて隠しておくという事案も何件か発生しています。

　検挙した乱用者に値段を聞くと，1万円で買ったと言ったりします。そうす

ると「1万は高いな，中学生，高校生は買えないだろう」と思いますが，1回の使用量というのは，だいたい0.02〜0.03グラムといわれています。0.02グラムとすると20回分です。20回分を1万円で買える。1回分は500円です。ということは，薬物に興味をもった少年たちが話し合って，みんなで買って回して使う。そういったこともできるということで，検挙数は少なくなってきていますが，非常にこの問題は怖いものであると思います。

　警察庁の外郭団体である社会安全研究財団が，統計数理研究所に委託して調査した結果，覚せい剤の乱用者は表に出た数字の100倍はあると推計しています。たとえば2万人の乱用者が検挙されれば，実際の乱用者は200万人いるという推計を過去に出したことがあります。ですから，中学生が5人，覚せい剤が1人という数字を聞いて，「あ，よかったね」ではなくて，その調査から推計すると，都内で100人以上の中学生が覚せい剤に汚染されているということになります。ですから，数字は下がっているといいながら，これもけっして見逃せない話になっています。

◆ 不良行為少年の補導状況

　これは犯罪行為ではないのですが，自己または他人の徳性を害するおそれがあるということで，注意，指導，助言し，保護者にも連絡をした少年が平成15年は約7万4000人。そのうちの6割の4万3000人が深夜徘徊ということで，夜，何の目的かわかりませんが，公園とかコンビニの前，盛り場などをうろついている少年たち。それから，タバコの喫煙で2万3000人，この2つの行為で全体の9割近くを占めています。

　深夜徘徊の少年たちに「なぜあなたたちは家に帰らないの？」と聞きますと，返ってくることは，「家にいてもつまらない」「外では，友達はだれもうるさいことを言わない」ということで，外のほうが楽しい。同じ境遇の少年たちが外にはいっぱいいる。原因としては，家庭の求心力がなくなっているのではないかと指摘する方もいますが，深夜，家に帰らず外で遊んでいる少年たちがこのように数多くいるということです。

　こういう少年たちの深夜徘徊に対処するために，東京都では青少年健全育成条例を改正して，午後11時以降は，正当な理由がなければ外出してはだめで

すよ，という規定も制定しています。

非行防止への取り組み方

◆ 非行少年等の発見活動

　地域での防犯活動という視点では，補導というより，「声かけ」ということになるかと思います。少年の非行を防止し，健全な育成を期すため，まず不良行為少年を早く発見し，そして，補導（声かけ）していくことはきわめて大事なことです。非行に走りそうな少年に対しては，できるだけ早いうちに非行の芽を摘み取って，正しい方向に向くよう指導してやるということが大事なことではないかと思います。

　今，警察署は犯罪抑止対策のために種々の情報発信を行なっています。防犯活動を行なう地域の犯罪発生の情勢や，少年犯罪の実態はどうなっているのか。自分たちの地域で犯罪を行なっているのは，地元の少年なのか，よそから入ってきている少年なのか。警察署に行って，聞いてみてください。さらに，警察で把握している「少年のたまり場」。どこがたまり場なのか。この警察署の地域では，どういったところに少年たちが集まっているのか。昼間はどこにいるのか，夜はどこにいるのか聞いてみてください。地域の防犯活動のためには快く教えてくれると思います。警察署では少年のたまり場などについて，補導活動等を通じて資料を整理しています。

　それに，非行少年，不良行為少年，少年のたまり場を発見した場合には，どういう方法で連絡すればいいのかということも，少年係や防犯係とあらかじめ連絡をとっていただくと，非常によいと思います。そうすることによって警察署の担当官との人間関係がしっかりとでき，地域の防犯活動をする人々にとっても，大きなメリットの1つになると思います。皆さんと警察が連携することによって，1足す1が2ではなくて，3にも4にも大きな力になっていくということです。ぜひ警察署に行って，防犯係，少年係の係官から情報を収集していただきたいと思います。防犯活動の参考となる資料もいろいろ出してくれま

す。

◆ 人の子も正しくしかる思いやり

　非行防止には特効薬はありません。家庭，学校，地域，警察などがそれぞれの立場で努力していくことが重要であり，中でも，街頭における不良行為などの「初期段階での声かけ」がきわめて重要であると思います。私たち警察官もそうですが，皆さんが，まちで少年に声をかけてやることもやはり同じく重要なことだと思います。

　非行防止の標語を皆さん聞いたことがあると思います。「人の子も我が子と思い一声を」というのが以前の標語でした。今は「人の子も」は同じです。「人の子も正しくしかる思いやり」という標語を使っております。ぜひ，正しくしかってほしいと思います。しかるといっても，頭からドーンと言ってはだめです。相手は若いですから，ポーンと反発しますね。話し方はあとでお話ししますが，「人の子も正しくしかる思いやり」，このスローガンの意味するところをご理解いただきたいと思います。

◆ 補導活動（声かけ）の重要性

　犯罪抑止対策では，三対策と合わせて「防犯対策と検挙対策」を推進しています。防犯と検挙は，犯罪抑止のため車の両輪として非常に大事なことであるということです。少年警察から見れば，防犯対策としての補導活動（声かけ）ということになります。少年が非行を犯してしまう。それを正しい方向に導くということはなかなか大変です。発生した事件を解決することは，相当な時間と労力もいります。大人の場合も同じです。たとえば放火。——ああいった犯罪が起きると，皆さん自身も大変なことになります。いつ自分のまちが火をつけられるのだろうと，大変不安な状態になります。そういったことからも，犯罪が発生してから検挙するのではなくて，発生する前にいろいろな対策をとり，防止するのが一番いいと思います。たしかに「検挙にまさる防犯はなし」という格言がありますが，発生してしまったものを検挙するのではなく，それ以前に発生させなかったら，そちらのほうがもっとすばらしいことではないかと思います。

少年も同じです。「割れ窓理論」という理論があります。これを少年非行に当てはめてみますと，たとえば建物の窓が割れている。一定期間それをそのまま放置しておくと，窓を割ることはそんな悪いことではないのではないかと思ってしまう。また，その地域では，監視の目が行き届いていないと見て，地域の少年たちが次々とほかの窓を割っていってしまう。この地域では犯罪が起こってもだれも注意しないし，見咎めたりもしない。警察に通報する者もいない。そういうふうに少年たちはだんだん判断していきます。少年たちは，今度はより悪質なひったくりとか，先ほどお話しした路上強盗といったものを行なうようになってくる。この少年非行の悪化というのは，そういった小さな違反行為を見逃すことが，より悪質な少年犯罪の発生を招くことを意味しているというものです。

　身近な例でお話ししますと，コンビニの前に夜遅くまで集まっている少年がいる，あるいは公園で昼間，制服で堂々とタバコを吸っている高校生がたむろしている。こういった少年たちの不良行為をだれも注意しない，見逃しているとなると，だんだんエスカレートして，やっぱり悪質な犯罪に走っていくことになります。したがって，犯罪抑止対策の一環としても，非行の入り口である「不良行為少年の補導活動（声かけ）」がいかに大事であるか，ということを理解していただければと思います。

◆ 補導活動の法的根拠

　少年に声をかけても，振り上げた拳をおろすところがないと困ってしまいます。注意してみたけど，「何だよ，何の権限があるんだよ」と言われてしまうと困ります。たとえば非行少年，犯罪を起こした少年に対しては，現行犯人であればだれでも逮捕することができます。これは人違いなど間違うおそれがないからということです。ただ，不良行為少年に対する補導活動は犯罪捜査ではありません。万引きをする，ひったくりをする，これは場合によっては，追いかけて捕まえても大丈夫です。私人による現行犯人逮捕ということです。

　私たち警察官も，タバコを吸っているとか，夜遅く歩いているとか，こういった少年たちに対しては，一定の条件の下，警察官職務執行法等で質問できる場合がありますが，これは「何らかの犯罪を犯しているのでは」などというこ

とが前提になります。単なる不良行為少年に対しては，特別な法律というのは私たちにもありません。警察法という法律により，警察の責務，犯罪の予防ということで少年補導をやっています。ですから，われわれは警察官ですが，犯罪捜査ではありませんので，強制力を用い，強引に相手をねじ伏せて連れていくということはできません。ほかに犯罪があれば別ですけれども，ない限りはできないということで，あくまでも相手の承諾を得て行なう「任意の活動」ということになります。

地域の防犯活動をされている方々の場合も同じです。現行犯人を逮捕する権限はありますが，こういった不良行為少年に対しては指導，注意，助言をしてください。私たちと同じく，あくまで任意の活動ですので，人生の先輩，それから地域のおじさん，おばさんということで注意や助言をしていただくことになります。

具体的な対応のポイント

◆街頭における少年補導（声かけ）のポイント

次に，具体的に，どのようにして少年たちを発見して，どのように少年たちに注意していけばいいのかということをお話しします。

これは，私たち警察官が，毎日行なっている少年センターの補導活動の中から得たノウハウであり，地域の防犯活動をする際の参考にしていただければと思っております。

とくに少年期，たとえば12歳から18歳の少年は，どういう特性があるのかというと，「自我の発達」ということがいわれております。自分という存在を意識して，自己主張が強まってくる。周囲の大人や社会に対して批判，拒否，反抗といった姿勢をとりたがる。こういう特性があるそうです。ですから，自分たちの子どものころを思い出してみれば，なるほどそうだったなと。「言わないでもいいことをお父さんに言ってしまったな」「1年間父親と口をきかなかったな」とか，苦い思い出がある方もいると思いますが，そういった少年期

の特性を理解したうえでのお話になると思います。

(1) 対象少年を見分けるポイント

　ズボンを下げてはいているとか，若者に人気のある特定ブランドの洋服を着ているなどいろんな特徴がありますが，地域の防犯活動においては，最初は，学校の制服を着て昼間ぶらぶらと遊んでいる，タバコを吸っている，深夜11時以降になりますが，目的もなくただふらふらとコンビニの前にいる，公園で騒いでいる，そういったはっきりした現象をとらえて，声をかけていただくのが一番いいのではないかと思います。

　授業時間中であれば，当然それは学校に行かなければなりません。われわれも学校をサボるのは，やめる（退学）ほうではなくて怠学（さぼる）ということで補導の対象としております。朝10時ごろ渋谷に行きますと，制服を着て学校に行かないで，もうセンター街あたりに入ってきてしまう少年も実際いるわけです。街中でも，「あれ，おかしいな。いま授業をやっているはずだけど，学校どうしたのかな」と，そういう少年を見かけるときがあると思います。そんな少年たちを見かけたら注意をしていただきたいということです。

　また，午後11時以降であれば，正当な理由がなければ保護者の皆さんにも，東京都の場合は，青少年健全育成条例で子どもを外出させてはいけません，しっかり見てくださいよと規定されておりますので，「どうしたの？」と少年に声をかけていただければと思います。

　次に，自分が1人しかいないのに，相手が15人も20人もいる。その中に分け入って声をかけるというのは非常に難しい問題です。彼我の勢力というのがありますから，自分が注意できる少年かどうか，そのへんもしっかりと見極めてください。110番して警察官に来てもらうことも必要かと思います。

(2) 声かけのポイント

　「おはよう」，昼間であれば「こんにちは」。ちょっと間をおいて，「町内会のパトロール隊の者だけど」「町内会の者だけど」と，必ず身分を明らかにして声をかけてほしいということです。ばか丁寧な言葉だとか，威圧的な言葉はやめられたほうがいいですね。大事なのは，相手に合った，少年に合った言葉遣いで話しやすい環境にもっていくということだと思います。

　それから，身分を明らかにするということですが，たとえば，防犯活動をし

ていることが一目でわかるジャンパーなどを着てやるのが一番効果的です。当然，服装は端正で清潔感のあるものがいいのですが，たとえばボランティア団体の表示があるジャンパーや帽子，腕章といったものを着用して声かけをすると，この人たちはまちのボランティアでパトロールをやっている人なんだと少年たちもわかります。ですから，少年が恐怖心をもたないということで，そういう服装で声かけをしてもらうのが一番効果的だと思います。声かけは，いきなり「何やっているの？」ということではなくて，授業時間であれば「今日は学校じゃないの。学校はどうしたの？」とやさしく声をかけていただければと思います。

　道路に座り込んでいる子がいます。「邪魔だよ，何やってんだよ」と言うのではなくて，「どこか具合悪いの？」とやさしい言葉をかけてやる。人間は，やさしい言葉をかけられて反発するという人はいませんね。ということで，やさしく声をかけてやる。正義感をグッと前面に出さないで，いわゆるまちのおじさん，おばさんとして，自分の子，自分の兄弟といった感覚で声をかけていただければと思います。

　実際に声をかけるときには，1人でということでなくて，おそらく町内会のパトロール隊といった複数での声かけになると思います。まず声をかけたら，道路の真ん中ではなくて，わきのほうに邪魔にならないように，また，人目につかないように寄せて，話を聞いてください。複数であれば，1人の子どもを取り囲むようにしてみんなでわいわいがやがやでなく，だれか1人が聞けばいいのです。他の人は反撃してこないかどうかを見ていればいいと思います。

(3) 必要事項の聞き方とそのポイント

　年齢を確認するとき，「君，いくつ？」「二十歳(はたち)」「生年月日はいつ？」ばかりでなくて，たとえば「昭和何年生まれ？　西暦は？　干支(えと)は？」と，こういう聞き方をしてみてください。われわれも渋谷で補導していて年齢を聞くと，だいたいすぐ「二十歳」と言います。タバコを吸っている少年に「いくつ？」と聞くと「二十歳」と返ってきます。そういう子はだいたい嘘の場合が多いのですが，「昭和何年生まれ？　西暦は？　干支は？」と聞いてあげると，相手の少年もなかなか嘘をつけなくて，だんだんばれてしまいます。

　定期券やメンバーカードで確認する方法もありますが，皆さんの場合にはそ

れまで出して確認を求めるということはできないと思いますので，ここでは生年月日の確認，昭和，西暦，干支といった形の声かけをしてもらうのが一番効果的だということです。タバコを吸っている少年は，ほとんどが「二十歳」と即答するということを参考にしていただきたいと思います。

　それに，これはあくまでも「任意の活動」であるということで，特別な法的権限はありませんので，相手の挑発には乗らないでほしいと思います。「あ，嘘を言っているな」と思っても，これは少年の良心にゆだねるしかありません。皆さんから注意をされた，まちの人たちから注意をされたということが，その少年にとっては大きなプレッシャーになります。ですから，「声をかける」ことが大事ですし，少年たちにとっては「声をかけられた」ということが非常に大事なことになると思います。

　喫煙などを注意する場合でも，頭から高圧的に言うのではなくて，「成長期の体によくないよ」とか，女の子であれば，「真っ白なきれいな歯がヤニだらけになって，みっともなくなってしまうよ」と。そういう注意をしていただくと効果的だと思います。頭ごなしに注意すると必ず反発を招きます。

(4) 締めくくりの言葉

　「じゃあ，しっかり勉強するんだよ」とか「何とかがんばれよ」など，何となく威圧的,説教じみたことを最後に言いがちですが,「学校をサボらないでね」とか「あんまり遅くまでいるとあした起きられなくなるよ」と。そういうさりげない言葉で締めくくって注意，指導をしていただくと，心に響き少年も素直に受け入れてくれるようになります。

　注意に対して反抗的な態度をする少年，たとえば，皆さんの注意に対して暴力で向かってくるような少年がいましたら，すぐ110番をしてください。そういう少年は警察でしっかりとやらないといけません。遠慮なく110番をしてもらう。相手の挑発にけっして乗らないということ。警察官もそうですが，慣れないと自分の沽券にかかわるような気になり，何が何でも言うことをきかせる，何が何でも「ごめんなさい」を言わせないと気がすまないというようになってしまいがちですが，先ほどお話ししたとおり犯罪捜査ではないということです。非行を犯している少年の場合は別です。それ以外の不良行為少年に対しては，悔しいとは思いますが，そこは限界がありますので，ねじ伏せたりということ

ではなくて，あくまで地域のおじさん，おばさんとして，落ち着いた態度で注意していただくのが大事なことになります。

◆ その他のポイント
(1) 顔を見て話す

　注意するときは必ず「顔」を見ていただきたいと思います。しっかりと顔を見る。悪いことをする人は自分の顔を見られるのが本当に嫌なんです。ほかの先生方もお話しになると思いますが，泥棒なんかはそうです。不審な人が昼間いたとして，皆さんが「何やってるの？」と言ったら，「大きなお世話だよ」と。しかし，「どちらかお探しですか」とやさしく言葉をかけたら，絶対反発してきませんね。そのとき，しっかり顔を見る。そうすると，泥棒はもう2度とそこには行きたがらないといいます。声をかけられた場所，その地区ばかりではなくてその地域全体にいたくない，もうあそこのまちは嫌だと，駅でいえば2駅も3駅も遠くに行ってしまう。さっきお話しした少年たちの話と同じです。だれも注意しない，声もかけない。それでどんどんエスカレートするのです。「どこかお探しですか」と声をかけられて，「大きなお世話だ」と怒る人はいません。少年も同じです。先ほどお話ししたようにやさしく声をかけてあげれば，素直に心を開いてくれると思います。

　高飛車に話しかける。「名前」「住所」「こんな時間に何やってるんだよ」。こういう言い方をすると，だんだん口をつぐんでいってしまいます。それに，最初から少年の話を信じない態度。「今日は学校の開校記念日で休みです」との答えに対して，「嘘をつけ，学校サボったんだろう。開校記念日なんか今ごろないだろう」と，最初から少年の話を信用しない。そういう言い方をしていくと，少年はどんどん口をつぐんでいって，話をしてくれなくなります。「子どものくせに」とかと，つい出がちです。でも，そういうことをわれわれ大人が言ってしまうと，もうそれっきり本当にだんまりになってしまいます。これでは，本来の目的が達成されなくなってしまうということになります。「おい，こら」「おい，待て，どこ行くんだよ，こら，待てよ」なんて言っても，向こうは下手すると難癖をつけられると思って逃げ出してしまいます。早く身分を明らかにしてもらうということと，そういった高飛車な言葉を言わないことが大事で

す。これは泥棒なんかでも同じです。「何やってるの，さっきからうろうろして」と言ったら，「大きなお世話だ」と。でも，ちょっとやさしく声をかけてやれば，向こうは，たとえば鈴木さん，佐藤さんのうちを探していると嘘で言うかもしれません。「そこにありますよ」と教えても「いや，そこの鈴木さんじゃありません」とその場をつくろって，いなくなってしまうかもしれません。目的はそれで十分達せるわけですから，そういった感覚でお話をしていただきたいと思います。

(2) 繰り返し声をかける

　一度注意した少年については，次に見かけたときに必ずまた声をかけてほしいと思います。「あ，この間の君だね」。たとえば「どう，具合よくなった？」と。具合が悪いと言った場合ですよ。「学校ちゃんと行ってる？　なじめそう？」と。それで顔見知りになる。この間注意した子がいたなと思って通り過ぎない。また声をかけてあげる。そうすると子どもは意外と喜びます。「あ，僕のことを覚えていてくれた」「私のこと覚えていてくれたんだ」ということで非常に喜びます。「おじさん，がんばってね」「またね」とか「おばさん，がんばってね」「パトロールご苦労さま」と，向こうのほうからあいさつをしてくるようになります。そうして，徐々に心を開いていって，こうやって声をかけてくれる人がいるんだから真面目にやらなくちゃと。それがこの補導の目的でもあるわけですから。1度自分が声をかけた少年には，また会ったら必ず声をかけていただきたいと思います。

◆ 少年たちが使っている若者言葉とその意味

　若者は何でも短くしたがります。私たちが少年の言った言葉がわからないと，「何，お巡りさんたちそんなこと知らないの？」と少年たちから言われてしまいます。逆にそういう若者言葉を私たちが知っていると，「お巡りさんよく知っているね」と。皆さんがそういった会話をしていると，「おじさんよく知っているね」「おばさんよく知っているね」。若い方もおられますから，「お兄さん，よく知っているね」と，若者言葉を使い理解することによってスムーズに会話ができます。

　たとえば「マイセン」。タバコを吸っている少年を注意しました。「何を吸っ

ているの」「マイセン」。最初はわかりません。マイルドセブンのことを「マイセン」と言うのです。それから「マルメラ」。マルメラなんていってもわかりません。マルボロメンソールライトのことを「マルメラ」と言うのです。「お父さんは何やってるの？」「リーマン」。「リーマンって何，それ？」，単にサラリーマンのことを「リーマン」。皆さんが，「お父さんは何しているの」「リーマンだよ」「リーマンって何？」ということでなくて，お父さんは会社に勤めているんだねと言ってあげる。

　それから，顔が真っ黒く見える少年，日焼けした少年がいます。「ガングロ」，それから「マンバ」。こういう少年たちも「ずいぶん焼けているね」と声をかけると，「日サロに行ったの」と。わからないと「ヒサロってどこの国？」と。私も最初わかりませんでした。日焼けサロン。そういうことを皆さんがわかっていれば，「だいぶ焼けているね。真っ黒だね，すごいね」と言ったら，「日サロに行ったの」「ああ，そう」と。わからないと「日サロって何だよ」となって，話が途切れてしまいますが，知っていれば，「あ，そう，いくらかかったの。週何回行くの」。そう言ってやると少年はうれしくなって，どんどん話をしてくれます。

　「パチる」なんてわからないでしょう。嘘をつくことを「パチる」とか。「パッチもん」。「まるきゅう」。渋谷地区の方はわかると思いますが，東急109のことを「まるきゅう」。「カキコ」なんて言われてもさっぱりわかりません。チャットやメールの書き込みのことを言います。こういったことで，若者言葉をある程度理解することによって，街で少年たちに声をかけたときに，「あ，そうか，あのことなんだ」と。それを入れてやることによって，会話にスムーズに入っていけることになります。

◆ 犯罪少年，不良行為少年，たまり場の発見活動

　不良行為少年の補導場所は，だいたい60％が路上です。タバコを吸ったり，深夜徘徊で補導されるのは路上が多い。そのほか公園，神社，それからカラオケボックスなどです。たとえば犯罪少年，万引きとかオートバイ盗，駐車場の中に入り車から物を盗む車上荒らし，そういったものを見つけた。そういう場合には，即110番をしていただければと思います。

深夜徘徊だとか喫煙，飲酒という，自分で声をかけられるものであれば，声をかけていただく。ただ相手が多い，15人とか20人もいる。1人では声をかけづらい。でも，タバコを堂々と吸っている，または，高校生が徒党を組んでタバコを吸って商店街を歩いている。そんなときも110番をしていただければ警察官が行って一緒に補導をします。

　それに少年のたまり場。あそこの神社，ここのお寺，あそこのコンビニ，空き地，駐車場にいつも少年が集まっている。こういうことがありましたら，警察署の少年係のお巡りさんにぜひお話をしていただきたい。警察官もいろいろ見ていますが，もしかしたらたまり場として漏れている部分があるかもしれません。日常の防犯活動の中から「新たなたまり場」を発見していければ，警察も活動がやりやすくなります。

◆ 街頭で非行少年を発見した場合の措置

　110番を遠慮してかけない人が多いんです。本来，110番で対処すべきものを警察署の電話番号を探しながらかけたりすると時間がかかります。犯罪とか緊急の場合は，110番をしてください。110番しても何も怖いこともありません。向こうからは東京都の場合,「はい，こちら警視庁です」と応答いたします。さらに「事件ですか事故ですか」とお尋ねし，続けて「いつありましたか。どこでありましたか。犯人はどんな人ですか」と聴取いたしますので，見たままを話していただきたいと思います。

　携帯電話やPHSの場合はそのまま「110」をプッシュしていただく。場所がわからない，町名の表示も見あたらない。でも，そばに電柱や交通の標識がありましたら，そこに行って確認してください。信号柱であれば，そこに3けたの数字があります。それで場所がわかります。電柱であれば，5センチの15センチでちょっと見づらいのですが，「○○4の161」などと記載されたプレートが打ち付けてあります。その番号を言っていただく。それから，交通標識のほうが数多くあります。交通標識は，今は黒いテープと青いテープの2種類が貼ってあります。数字の書き方が少し違います。たとえば3259の006921の0とか，青色テープのほうの番号を言っていただく。そうしますと，110番を受けたほうでは，その番号で住所がすぐわかるようになっておりますので，ぜ

ひそういったものを活用していただければと思っています。

少年環境の実態について

◆ **具体的な少年環境の実態**

　私たちは繁華街などでいろいろ補導活動をやっているわけですが、渋谷にはカラオケだとかインターネットカフェ、プリクラ、ゲームセンターなど少年たちが集まる店が多くあります。それからブルセラショップ、生セラショップといった店もあります。しかし、誤解をしないでいただきたいのは、いろいろな事件が発生し、渋谷の街が話題となり、いろいろな少年が全国から集まってくることも事実ですが、渋谷はけっして恐い街、不良少年の街ではないということです。ここはあくまで若者たちの流行ファッションの発信地であると思っております。

　ブルセラショップというのは、ブルマーやセーラー服とか使用済みの下着などを売る店です。ですから、ブルマーとセーラーでブルセラショップ。渋谷にも何店舗かありますし、都内には現在25店舗あります。皆さんの地域にもあると思います。ここでは、有名私立女子高校の制服が数十万円で売られているものもあります。

　それから生セラショップ。これは都内で現在2店舗、新宿と渋谷に1店舗ずつだけです。これはそのままで、直にセーラー服姿で下着を脱ぎながら売ったり、唾液を売ったりと、そういう店があります。こういったものが非行の温床になるということで、青少年たちがそういう店に下着などを持ち込まないよう、東京都の場合は青少年健全育成条例で業者が厳しく規制されています。

　街を歩いていると漫画喫茶、インターネットカフェという看板をよく見られると思います。漫画喫茶というと、漫画の本が置いてあって、コーヒーやお茶を飲んで帰る。そういうイメージをおもちになるかと思いますが、そうではありません。今のインターネットカフェ、漫画喫茶というのは、ほとんど、個室が設けられています。シートもリクライニングシート、ペアシート、マッサー

ジシートが設置されており，これが夜の時間になりますと，6時間で1000円程度の料金で入れます。食事も食べられます。中にはシャワーまでついているところがあります。シャワーは別料金がかかりますが，少年たちにとっては快適な時間を過ごすのに申し分のない場所となっています。そういったことで家出，無断外泊，深夜徘徊などの不良行為が行なわれる可能性が非常に多いということです。

　ですから，ここも午後11時以降，青少年を入場させてはならないと青少年健全育成条例で規制されています。渋谷でもそういうことで，少年の補導のほかに，お店に対してもお客の年齢確認をしっかりやってくださいよと取締りを実施しています。ですから，漫画喫茶は漫画があってお茶を飲むだけの場所だと思わないで，実態は，個室があって簡単な生活ができてしまう。そういう店であることをご理解していただきたいと思います。

◆ **少年のクラブ出入りの実態と文書変造・行使事案の検挙**

　青少年がクラブ（昔のディスコ）に入場したいために，年齢が18歳以上になるように健康保険証などの身分証明書を偽造して入場していたという事件がありました。少年たちは，自分の思いを遂げるためには犯罪行為をも行なってしまう。こういう実態があるということをご理解していただければと思います。

◆ **東京都青少年の健全な育成に関する条例の取締りの状況**

　この条例が改正されて，警視庁ではこれまでに深夜の外出制限違反等で24件，28名を検挙しております。現行犯で逮捕した者1名，通常逮捕した者が1名で，書類送致したものが22件です。その中で深夜の外出制限違反が22件になっています。これは16歳未満の青少年を，われわれ大人が正当な理由なく連れまわしたり，引きとめたりしただけで違反になります。援助交際とかではなくて，午後11時以降，引きとめたり，ただ連れて歩くだけで罰則の対象となるということで22件検挙しています。

　カラオケ店とか先ほどお話しした漫画喫茶も，青少年たちを午後11時以降店に入れてはいけませんと規定されており，これに違反したということで，事件送致したものが1件，犯情が軽いなどということで始末書または警告したも

のが20件あります。

　また，この条例は直罰の違反もありますが，「警告に従わず」というのが何か条かあります。これは事前に警告することが取締りの条件となっており，警告をして，なおかつこれに従わなかった場合には罰則がありますよと。ですから，以前に問題になりました新宿のホストも，これまでは中学生や高校生をお客として勧誘していたわけですが，今はホストたちは青少年を勧誘してはいけませんとなっているので慎重です。しかし，勧誘したら一発で「お前，違反ね」というわけにはいきません。1回，AだったらAというホストに警告をします。そのAというホストが再度警告に従わず青少年を勧誘しないと罰則はありません。Bがやって，同じ店だからダメというわけにはいきません。現在，東京で警告を与えているホストが10名います。1回警告を受けたホストたちは捕まるのが怖いですから，今のところ青少年への勧誘はやっていないようです。

最後に

　地域の防犯活動を行なうにあたって，大人の泥棒を捕まえることや犯罪を予防することは大変大事なことです。しかし将来の日本を背負い，われわれの年金を背負ってくれる少年たちに，しっかりと声をかけて非行に走らないように指導していくことも大切なことです。子どもたちの非行を防止することがおのずと犯罪抑止にもつながっていくことだと思います。

⑦ 犯罪を防ぐしかけと心がけ

● 樋村　恭一
（大妻女子大学非常勤講師／NPO法人地域交流センター客員主任研究員）
専門は都市防犯（防災）計画。筑波大学大学院修士課程修了。消防庁，（財）都市防災研究所，（財）都市防犯研究センター，東京大学を経て，現職。主著に『安全な都市』（共訳，都市防犯研究センター），『都市の防犯』（編著，北大路書房）などがある。（詳細は編者紹介を参照）

　犯罪を防ぐには「しかけ」と「心がけ」の2つのアプローチが重要です。ここではこの2つのアプローチに基づき防犯環境設計の観点から，防犯まちづくりの理論と実践手法を説明します。

◆ 犯罪を防ぐ「しかけ」

　「しかけ」とは物理的な手段で，犯罪者を寄せつけない工夫のことです。まちや建物にいろいろな「しかけ」をして，犯罪者がそのまちあるいはその家に寄りつかなくなるようにしようということです。たとえば空き巣に入られないように，錠とかサッシを防犯建物部品に取り替える，あるいはサムターンカバーをつけてサムターン回しの被害に遭わないようにすることです。または，放火されないように家のまわりの燃えやすいものは片付ける，防犯カメラを設置するなどです。このような「しかけ」をまちの中，あるいは家のまわりに設置することが，1つ目の考え方である「物理的環境設計」です。

◆ 犯罪を防ぐ「心がけ」

「心がけ」とは，心理的な手段で犯罪者を寄せつけない工夫のことです。犯罪者の心理面から見て，このまちで何か犯罪をするとまずいなという感覚を，犯罪者にもたせることです。たとえば近所づきあいが活発であるとか，地域のみんなが顔見知りであるとか，あるいはマンションの住民がみんなよく知っていて，ちょっと知らない人が来ると，「どちらへお訪ねですか」と声をかけるとか，そのような人々の関係を築くことです。もちろん，出かけるときに玄関や窓に鍵をかけるというのも心がけです。あるいは，地域の中で犯罪の情報を共有することなど，「どこかで最近，ひったくりがちょっと多いんだよ。だからみんな気をつけよう」，そのような情報をじょうずに地域の中に流通させることもまちにおいての心がけの1つであります。これが2つ目の考え方である「社会的環境設計」です。

防犯まちづくり

「しかけ」（物理的環境設計）と「心がけ」（社会的環境設計）の両方が連携することが犯罪に対しての抵抗力になります。またこれらをまちの中に浸透させていくことが防犯のまちづくりです（図2-7）。

防犯のまちづくりの，大事な視点が3つほどあります。

(1) 関係する主体間の連携

住民，行政，警察，の三者が一緒になってそのまちをよくしていこうということです。住民が主体であることは間違いないのですが，その住民のやりたいことを行政あるいは警察がどうやってサポートするかということだと思います。それにはやはり警察，行政からのさまざまな情報の提供も必要かもしれませんし，資金の援助というのも必要なのかもしれません。住民だけでできることもあるかもしれない。しかし住民だけでできないこともある。そのようなことに対して，どうやって行政とか警察がサポートするか。要するに，そういう三者間のスムーズな連携が必要であるということです。

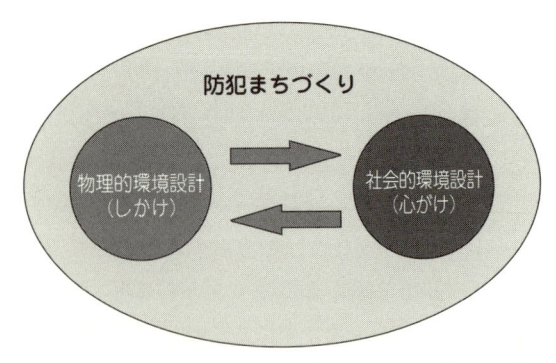

◆ 図2-7　犯罪への抵抗力となる「しかけ」と「心がけ」の連携

(2) 地域特性の重視

　まちは日本全国どこのまちでも同じではありません。そのまちの歴史的な背景とか住んでいる人々の違い，もちろんまちの構造の違いが必ずあります。たとえば，高齢者が多い地域，戸建ての住宅が多い地域，若い人が多い地域，単身者ばかりの地域，学生たちが多い地域，マンションが多い地域，あるいは地域の連携がすごく密接な地域，地域においての人の出入りが激しくてなかなか隣近所の顔がよくわからないような地域，そのようなさまざまな地域があります。ですから，その地域の特性というのをきちんとふまえないと，その地域に合った適切な対策というのがとれないということです。

　たとえば，東京の下町を例にとると，下町は地域の人々のつながりが非常に強いです。犯罪は増えてはきていますが，それでも新興住宅地などと比べれば人々のつながりが強い。そういうところで地域の連携を強めましょうと言っても，それはすでにできていたりします。地域の連携がすでに存在するところで人々の意識をどのように防犯のほうに持っていくかということが課題になるのかもしれません。また新興住宅地であれば，地域のつながりを構築することから始めなければなりません。これらの理由から地域の特性をふまえて防犯活動などを考えていかなければいけないと思います。

(3) 長期的視点に立つ

　防犯のまちづくりというのは，すぐに成果が目に見えるものではありません。一生懸命，毎日毎日パトロールしても，1週間や1か月では目に見えては犯罪

は減らないかもしれません。減らないからといって，その効果がないということはありません。平成15年ぐらいから，地域の活動というのが非常に盛んになってきました。地域の力，警察の力，行政の力，さまざまな力が結集した結果，犯罪が減少傾向にあります。地域活動というものが犯罪抑止に役に立っているということは間違いないわけです。犯罪を減らす1つの柱として地域活動というものがあるのです。1～2か月ぐらいで犯罪が激減するわけではない。しかし，そのような地域活動を今からきちんとやっていかないと，犯罪が増える傾向になったときに間に合わなくなってしまう可能性もあります。

　このようなことから，少し地域の防犯活動をやったからといって犯罪が減らないと嘆く必要はありません。少し長い目で見て地域の活動などをやっていく。それが防犯のまちづくりです。犯罪に対して真に抵抗力のあるまちをつくっていくということは，ここ半年，1年でけっしてできるものではないと思います。

　これらの，①関係する主体間が連携しようということ，②地域の特性を重視していこうということ，そして③長い目で見て地域活動を根づかせていこうということ。この3つが防犯まちづくりの重要な視点となります。

犯罪の起こりやすい空間を知る

　防犯を考えていくうえでは，どのような場所で犯罪が起こりやすいかを把握しなければいけません。犯罪というのは，犯行を企てる犯罪企図者と被害に遭う対象者あるいは物，犯罪の被害対象，つまり犯罪者と犯罪被害対象が1つの空間においてせめぎ合って起こるわけです（図2-8）。
　たとえばなぜここでひったくりが起きたのだろう，なぜここで子どもがいたずらされたんだろう。その犯行現場に行って「何でかな」と思うことで，「もしかしたらこういうことで，ここでひったくりに遭ったのかもしれない」「このような公園だから子どもがいたずらされてしまったのかもしれない」と。もちろんさまざまな要因がありますが，空間として見たときに何か悪い点がある

空間と犯罪

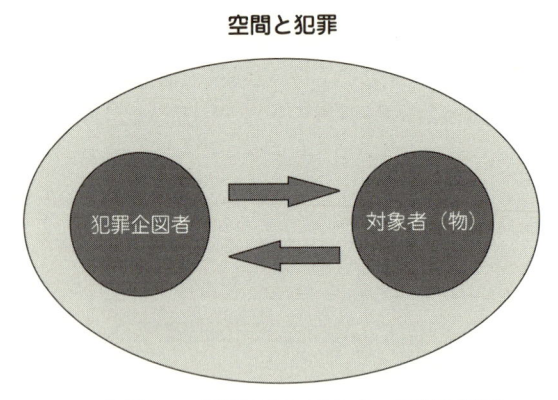

◆ 図2-8　犯罪の起こりやすい空間の把握

かもしれない，まち全体を見たときに何か悪い点があるかもしれない。そのようなことを1つずつ紐解いていくこと，原因を追求してその原因を解決することが犯罪の抑止につながっていきます。それには，どのような場所で犯罪が起こるのか，犯罪の起こりやすい空間とはどのような空間なのか把握しなければなりません。

　また犯行の現場を見るにあたっては，一般の人がまちとか建物を見る目と犯罪者の見る目が違うかもしれません。もちろん普通の人は，犯行現場はわからないわけです。どのようなところで犯罪が起きたのか，犯行現場に行くチャンスというのはほとんどありません。しかし犯罪者には犯罪者なりの視点があるわけです。捕まりたくないとか，ここなら犯行しやすいとか，普通の人と犯罪者の目は違うかもしれない。犯罪者の視点で空間を見なければいけないのです。つまり，犯人の見る視点をきちんと把握することです。犯罪者になったつもりでまちを見る。ここならひったくりできそうだなとか，この家なら空き巣に入れそうだなとか，そのような視点を養うことがまちとか建物の悪いところを導き出す非常に大きな要因になります。

◆ ひったくり

　警視庁をはじめとするいくつかの警察本部のホームページには犯罪発生マップとして，犯罪が多いところ少ないところなどが視覚的にわかるような地図が

載っています。たとえば警視庁のホームページにおいて東京23区のひったくりの発生した場所を表わした地図を見ると濃く赤くなっているところが，ひったくりが多発している場所です。東京23区内は，ほとんどのところに道路が走っています。人もたくさんいます。しかし，ひったくりが多いところと少ないところがあります。これは，ひったくりが発生する場所には偏りがあるということです。そうすると，なぜここで集中するのか，なぜここはひったくりが少ないのかなと疑問に思うことが大切です。

写真2-1，2-2は，ひったくりが比較的多く発生していた道路です。比較的直線的な通りです。東京都の場合，このような道路でひったくりが多く発生しています。

あるいは，写真2-3の通りのように，ガードレールがあるにもかかわらずひったくりが発生している場所もあります。もちろんガードレールの内側を歩いていれば，ひったくりの被害に遭う確率としてはきわめて少ないです。ひったくりの手口の多くのパターンは，後ろからオートバイとか自転車とかで接近していって，追い越しざまにバッグなどをひったくるという行為ですから，ガードレールの内側を歩いていれば接近はできない。しかし写真2-3の場所はひったくりが多く発生しています。その理由の1つとしては，この通りには，かなり頻繁にガードレールの内側に自転車とかオートバイが置き去りにされています。ここが比較的駅に近いので，通勤，通学などの関係で放置されていたり，近くの家の人の持ち物のバイクが置いてあったりします。せっかくガードレールがあっても，その内側にこのようなものが置いてあると，ガードレールの内側は歩きにくいです。しかも，このくらいの道路幅員や交通量の通りだと，車道を歩いても交通事故の危険性は少ない。これらのことから，歩行者は放置バイクや自転車で歩きにくいガードレール内を歩かないと推測されるわけです。これはあくまで推測ですが，可能性の1つであると思います。

このようなことがわかれば，この原因を排除していけばよいことになります。この道のガードレール内の放置自転車とか違法の駐輪というのをどのようにしてなくしていこうかというのも，地域ぐるみで考えていくことです。これは一見，防犯対策ではないです。放置自転車，違法駐輪の対策です。しかしそれが間接的にひったくりの抑止につながっていくということです。防犯だ，防犯だ

Part 2　地域防犯活動のための基礎理論

◆写真 2-1　ひったくりが多く発生していた道路（1）

◆写真 2-2　ひったくりが多く発生していた道路（2）

◆ 写真2-3　ひったくりが多く発生していた道路（3）

と，そればかり見ていても，もしかしたら見落とすことがあるかもしれない。この場合は，放置バイクや自転車の対策をきちんとやることで，おのずとひったくりの抑止にもなっていく。それが防犯のまちづくりということです。

　ひったくりの発生しやすい空間をまとめると以下のようになります。
　ひったくりの発生空間の特徴というのは，駅から商店街を抜けて住宅地へ入ったあたり——商店街は人通りが多いです。人通りが多いところでは犯罪者はあまりひったくりはしない。しかし，少し住宅街に入っていくと人通りはまばらになっていく。するとひったくりに遭う可能性が高くなります。あるいは，道路が碁盤の目の状態になっているところもひったくりが多いです。これは犯罪者にとっては走りやすくて逃げやすい。接近しやすくて逃げやすい。もちろんバイクとか自転車ですので，ある程度直線的で見通しがよいところの道路のほうがひったくりはしやすいです。
　これはオートバイとか自転車に乗っている人であれば，犯人の感覚でまちを見てみるとわかると思います。たとえば，オートバイで道路を走ってみる。すると歩行者が歩いている。どこで自分はひったくれるかなと考えます。実際に

やってはいけませんが，どの瞬間だったらひったくって逃げられるかなと考えます。「あ，ここかな」と思ったときに，なぜ自分はここでできると思うのだろうと考える。そのなぜというその理由を解消することが，逆にまちとしてのひったくりの抑止になっていくわけです。直線的で見通しがよい道路とか，ガードレールのない道路。そして，ある程度の人通りがある道路。これらが，ひったくりの発生空間の特徴です。

◆ 放 火

　放火は，その悪質性，結果の重大性，人々の不安の強さから見て，見逃すことのできない凶悪犯罪です。しかも，経済成長率が低迷し失業率が高くなった社会情勢を反映してか，近年，火災件数に占める放火の割合は増加の傾向にあります。火災件数は年々減少の傾向ですが，放火は減少の傾向にありません。逆に火災件数が減少のため，放火（放火の疑いを含む）の割合が増加しています。街の中での放火はおおむね図2-9のような場所で発生しています。建物に放火されることもありますが，多くは公共空間での放火です。

　しかし，建物への放火も発生しています。たとえば公園のわきの家が放火されたとします。なぜこの家が放火されたのか。さまざまな理由はありますが，放火犯がいろんな家，この周辺を物色してこの家を狙ったのであれば，公園というのは夜，人がいない。すなわち人の目がないです。そうすると，その家の人に気づかれさえしなければ，安心して火がつけられるということです。

　放火というのは夜が多い，人通りのないところが多い。さらに街中のゴミ集積場所などのゴミに放火されることが多いです。また，自転車やバイクのカバーに火をつけたりすることも多い。これらのことを考えると，放火の対策とよく言われますけれども，夜からゴミを出すとか，自転車とかバイクも燃えないようなカバーにしましょうとか，そういうことを地域に浸透させていくということが大事です。ゴミに火をつけられるということで，夜からゴミを出すなというのは放火対策もあるけれども，それはむしろマナーの問題でもあります。やはりまちとしてのマナーをきちんと守ることが，放火の対策にもつながっていくということです。

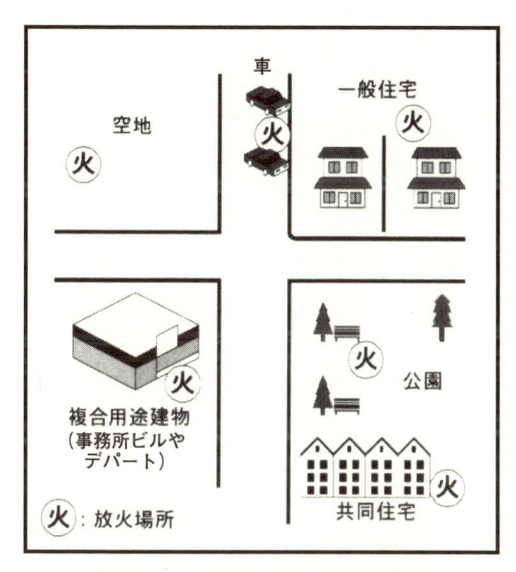

◆ 図2-9　放火が発生しやすい場所

防犯と住環境

　住宅の防犯対策を考えたとき，空き巣などの被害から住宅を守るという視点と，プライバシーを守ろうという部分が相反してしまうことがあります。見通しが悪いからこのブロック塀をなくそうとかの対策が見受けられます。すると非常に見通しがよくなって，いわゆる監視性の向上につながります。しかし，そのような対策をすると，当然，外部から室内が見られて，住んでいる人は嫌だなと思う。そういう矛盾することをどのようにじょうずに解決していくかが重要となります。犯罪抑止のためにプライバシーを捨てるのか，プライバシーを守るために犯罪被害に遭う可能性を高めてしまうのかが問題となります。しかし犯罪抑止のために自分たちの住環境まで低下させるのは本末転倒だと思います。
　そこで，工夫という部分においては塀や生垣はそのままで，窓の防犯性を高

くしようということです。人の視線は犯罪抑止に重要な要素ですが，それだけで犯罪が防げるわけではない。

　もちろん犯罪者は人の視線を嫌がります。しかし，それを増やすことが期待できないのであれば，窓自体を強くして破られないようにすればいい。つまり，防犯建物部品のサッシにするとか，鍵を2つ付けるとか，窓を物理的に強くすることで抵抗をすれば解決する問題です。犯罪を防ぐメニューは1つだけではありません。さまざまなメニューがあることを認識することが必要です。

　ガラスやサッシを強くするだけが防犯対策のすべてではない，また見通しを確保するために木を切るのがすべてではないです。その場所，その空間に応じた対策，プライバシーを確保したいという実態に応じた対策というものが絶対に必要であり，それが住んでいる人も心地よく住めて，かつ，犯罪にも抵抗できる住環境をつくっていくことになります。防犯だけですべて進んでしまうと，住みにくかったり，不便だったりします。もう少し広い目で見て，快適な住宅に住む，快適にそのまちに住むということを考えて，その中で犯罪の対策というのはどういうことができるのかを考えることが重要です。

　それは，ひったくりの項目で述べたような放置自転車の問題もそうです。放置自転車がたくさんあると歩きにくいし，まちも汚い。やはりまちをきれいに，放置自転車のないような，違法駐車のないようなまちにしようということが第1であって，それがおのずとひったくりの対策になっていったりします。もちろん，きっかけはひったくりの対策かもしれない。この通りはガードレールがあるにもかかわらずひったくりが多い。放置自転車が多いからひったくりが多いのかなと。ひったくり対策のために放置自転車を排除するのも1つの要因かもしれませんが，まちをきれいにしようという部分に立ってまちぐるみでやっていくということが大事ではないかと思います。

　さて，空き巣の発生はどのような空間が多いかというと，家のまわりにブロック塀を使っているような家というのは空き巣の被害に多く遭ってます。ただ，ブロック塀で囲うというのは日本の習慣であったり，昔からそういうものがあるので，それをすべて否定するのもなかなか難しいです。ブロック塀が悪いからといって，すべて排除するというのは，すぐできる対策ではないかもしれない。そして，ブロック塀をフェンスにするといっても，当然お金もかかるわけ

です。であれば，ブロック塀をそのままで，防犯ガラスにするとか，鍵を二重ロックにするとか，第1としてはそういう対策をすることも必要ではないかと思います。

2つ目は，緑道とか遊歩道とか公園に隣接する住宅は，その住宅に対して人の視線がない時間帯があるということです。公園とか遊歩道は，人々が使っている時間帯は人の目があって非常にいいのですが，夜間など人が使わなくなった時間帯はやはり盲点になります。ですから，公園とか遊歩道に隣接する住宅は狙われやすいのかもしれません。

逆に，昼間でも人がいないような公園もあります。そのような公園では公園側から空き巣に侵入される可能性もある。その家に侵入されないような工夫をするのももちろんそうですが，まちとして考えていくうえでは，その公園をどのようにみんなに使ってもらうか，人が集まるような公園にしようというのも1つの対策です。もしかしたら，ゴミが落ちていて汚くて，落書きがあって，公園が汚いから使わないというのかもしれない。そのようなことであれば，公園をきれいにして，みんなが集えるような公園をつくっていく。まちとしての住環境を向上させること，それがおのずと空き巣などの犯罪の対策にもつながっていくわけです。

3つ目ですが，単身者や共働き，つまり昼間不在がちな生活スタイルの地域というのは狙われやすいです。つまり，まちに人の目がないからです。単身者ばかりのまち，あるいは共働きが多いまち。アパートとかマンションの多いところが比較的そのようなまちかもしれません。そのような人の目がない，昼間不在がち，昼間まちに人がいないような，そのような生活スタイルの地域というのは，狙われやすいということになります。

今まで述べてきたのは，犯人の視点です。犯人の視点でまちや建物を見ると，狙われやすいような場所が少しずつわかってくると思います。ひったくりをするにはどういうところがやりやすいのか。やりやすいという要因を，逆に犯罪抑止につなげていく。どういう家が空き巣に遭いやすいのか。たとえば道を歩いていて，「あ，この家は空き巣が入りそうだな，入れそうだな，自分だったらこの家は入れるな」と思うと，その要因を1つひとつ解決していくというこ

とが大切な考え方ではないかと思います。

防犯環境設計

　次に，防犯環境設計の基礎的理論について述べます。この防犯環境設計という考え方を使えば，大変強力な犯罪予防の機能を果たすことができます。それは，物理的な空間を，住民や犯罪者がどのように利用するかに着目したコンセプトであるからです。それには，前述した犯罪発生空間の分析や犯罪者の心理的分析が大変重要となります。このような現実の犯罪発生空間や犯罪手口をきちんとふまえて，具体的な防犯環境設計を考えていくことが必要です。

　防犯環境設計の概念というのは，ジェフェリーの「人間によってつくられる環境の適切なデザインと効果的な使用によって，犯罪に対する不安感と犯罪の発生の減少，そして生活の質の向上を導くことができる」という考えに基づいています。

　「環境の適切なデザイン」というのは，物理的な話です。そして，「効果的な使用」とはその物的環境をどのように使うかということです。すなわち人の問題です。そのような物と人によって，犯罪に対する不安感と犯罪そのものの減少が，おのずと生活の質の向上にもつながっていくということです。大きな目標は人々の「生活の質の向上をめざす」ということで，そのために犯罪を防いでいく，すなわち地域の防犯対策を実行するということになります。

　さて，ジェイコブスが先鞭をつけ，ニューマンが発展させた理論は防犯環境設計（CPTED：Crime Prevention Environmental Design）手法として一般化され，都市空間に広く適用されるようになりました。CPTEDは犯罪者自身や犯行の動機は問題とせず，物理的や社会的な環境に注目するのが特徴です。その基本的な考え方として，①被害対象の回避・強化，②守りやすい空間の設計があります。

・**対象物の強化**

　対象物の強化とは，実際の被害の対象になる物の防犯性を高めることです。

たとえば建物の窓ガラスを強くしようとか，鍵を二重につけようとか，ピッキングに強い鍵をつけようとか，そのような対象そのもの，犯罪の被害対象になるものを強くしようということです。これは人にも言えることです。人であれば，たとえば暗い夜道を歩くときは防犯ブザーを持つなどの対策です。何か被害があったときに自分が被害対象となります。防犯ベルを鳴らすということが，それを強化するということになります。この被害対象の強化というのが1つの考え方です。

・**接近の制御**

　接近の制御とは，被害対象に対して，犯罪企図者の接近を制御することです。たとえば敷地のまわりにセンサーをつけて接近を制御するとか，きちんと戸建て住宅の門扉に鍵をかけて入られないようにするとか，そのような対策が接近の制御になります。

　もし門に扉があり施錠されていたら，敷地内に入るには，門扉を越えるかブロック塀をよじ登って侵入することになります。昼間，いくら人がまわりから見ていないからといって，門扉やブロック塀をよじ登っていれば，それは異常な行動なわけです。

　そのようなことから，門扉を付けるとか，門扉に鍵をかけるというのは大切なことです。もし門扉がなくて門が開いていれば，開いている門からすっと入る。もし見られたとしても，不自然ではないわけです。その家を訪ねていったということを想定すれば，まったく不自然ではない。しかし，鍵のかかっている門をよじ登る，またはブロック塀をよじ登るというのは，非常に異常な行為，普通には考えられない行為です。門に扉をつけて，あるいは門扉に鍵をかけるとか，そういう小さなことでも空き巣の抑止につながっていきます。そのような対策が接近の制御ということです。

・**監視性の確保**

　監視性の確保とは，人の目をどのようにじょうずに活用していこうかということです。犯人にとっては，犯行現場あるいは犯罪対象にアプローチするときを人に見られたくないという気持ちがあります。犯罪者は捕まりたくないという気持ちが一番にあります。ということは，人の目をじょうずに使って，まちの中に人の目をちりばめることが大切になります。人の目を阻害するようなも

のはできるだけじょうずに排除する，公園においてできるだけ見通しをよく，木をすべて切るとは言わないけれども，木の切り方，木の選び方で見通しのよい公園というのは必ずできるわけです。そのような対策が監視性の確保ということです。

・**領域性の確保**

　領域性の確保とは，縄張りの意識をもつということです。自分たちのまちである，自分たちのマンションのエリアである，そのような縄張り意識をきちんと強めていく。それが，犯罪者にとってはこのまちで犯罪を起こすのはまずいかなという感覚を与える。それが大切なことです。もちろん具体的にこれが領域性だという明確なものはありませんが，これは地域のつながりとか縄張り意識，自分たちのエリアは自分たちで守るんだ，自分たちのまちは自分たちで守るんだという意識をもてば，その雰囲気がまちに出てくるわけです。それは必ずしも犯罪に対抗しなくても，自分たちのまちは自分たちできれいにしようということでも同じだと思います。自分の家の前だけでも自分で掃除をしよう。そうすると，掃除をすることで人が外に出ます。それが犯罪者にとっては嫌なわけです。

　たとえば町内会で，みんなでプランターを家の前に出してきれいな花の植えられた通りにしようという活動があります。それは非常によいことです。けれども，それは花を出すことが目的ではなくて，花を世話するために人が道路に出るということが重要です。花はけっして犯罪者を排除してくれません。花があるからといって，犯罪者は犯行をやめてくれません。花が侵入者を押し戻してくれるわけでもないです。しかし，花を庭先とか道路に置くことで，それを世話するために人々がそこに集う，それが監視性の向上につながり，かつ，それによって，隣近所のコミュニティーが生まれていって顔見知りになってくる。そうすると，不審者がおのずと浮き出てくる。そういう理屈になります。

　花を植えよう，あるいはプランターを道路に出そうという対策は表面的にとらえられていることもあり，花を置けばいいと思っている人がいますが，花を世話するために人がまちに出ていくということが重要です。まちとして縄張りを考えていくことが領域性の確保になります。

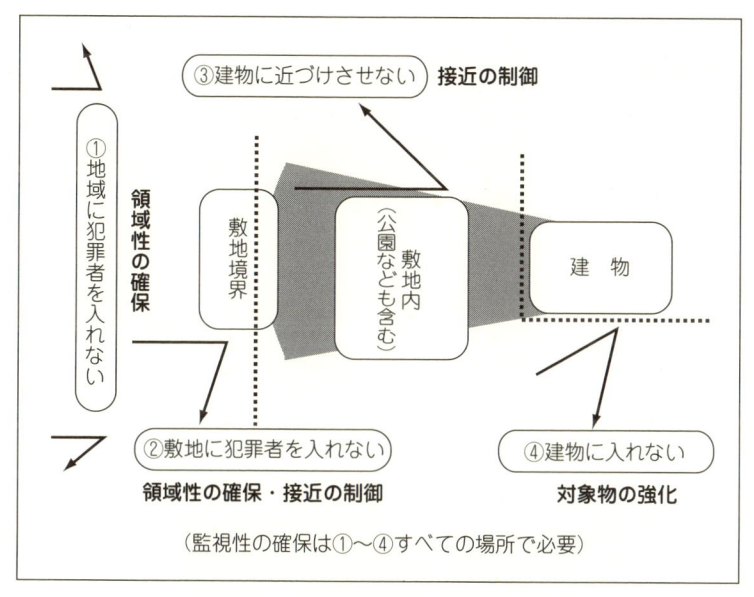

◆ 図2-10　防犯対策の基本的な考え方

図中テキスト：
- ①地域に犯罪者を入れない
- 領域性の確保
- ③建物に近づけさせない　接近の制御
- 敷地境界
- 敷地内（公園なども含む）
- 建物
- ②敷地に犯罪者を入れない
- 領域性の確保・接近の制御
- ④建物に入れない
- 対象物の強化
- （監視性の確保は①〜④すべての場所で必要）

　それでは，これらの防犯環境設計の考え方を使って，どのようにして具体的にまちや地域，建物，人，財産を守るかということですが，まず地域に犯罪者を入れない工夫が必要であるということです。次に，建物の敷地とかマンションの共有部分，あるいは公園といったところに犯罪者を入れないような工夫が必要である。そして，3つ目に，建物自体に犯罪者を入れないような工夫が必要です（図2-10）。

　地域に犯罪者を入れない。これは，ひったくりとか子どもに対しての犯罪，痴漢というさまざまな犯罪に対抗できます。

　敷地に犯罪者を入れないというのは，空き巣のみならずマンションの敷地内とか，公園内とか，そのような視点で見れば，放火とか性犯罪とかそういうことにもつながってきます。

　そして，建物の防犯対策としては，建物に接近させないことも重要です。さらに建物に犯罪者を入れないということです。

　このようにそのまちに犯罪者を入れない。自分たちの敷地に犯罪者を入れな

い。建物に犯罪者を入れない。それぞれの段階でどういうことができるかということを考えていくことが必要になってきます。

最後に

　これまで，防犯の基本的な考え方を述べてきました。この基本原則を，具体的な対策として，地域でできること，隣近所でできること，個人でできることとしていくことが大切です。それが地域に犯罪者を入れない，その近隣に犯罪者を寄せつけない，敷地内に犯罪者を入れない，それがそれぞれ地域と近隣と個人の対策となっていくのです。

　犯罪は，まちや建物の中で起こっています。ですから，自分たちのまちを見る目を養うことが非常に大事になってきます。そのような目がないと，非常に的外れな対策になってしまいます。同じ対策でも有効な地域とそうでない地域があるかもしれない。防犯まちづくりの話で言ったように，地域の特性を重視しようということです。自分たちの地域にはどのような対策が当てはまるのかということを考えていくことが大切です。それは，自分たちのまちを見る目を養うということです。自分たちのまちはどのようなまちなのか。どういう人が住んでいて，どういうまち並みで，どういう道路があって，どういう人が通ってきて，どういう人が去っていくか。そのような自分たちのまちを見る目を養うことが，防犯対策の第一歩ではないかと思います。

　そして，防犯の活動というのは人のつながりというのが非常に大切になってきます。防犯活動をしている，防犯活動をしようということが立ち上がる地域は非常によいのです。防犯の活動をやろうという気持ちがあって，グループが発足する地域はいい。しかし，それができない地域もあるかもしれない。そのような地域に対しては，なぜ防犯活動ができないのだろう。ここから紐解いていくことが大切です。できない要因が必ずあるはずです。単身者ばかりの地域であったり，あるいは，やる気がないのかもしれない，活動資金がないのかもしれない，さまざまな理由があると思います。そのような理由を解決すること

から始めなくてはなりません。また，防犯活動を行なっている地域に隣接した地域で，そのような問題がある地域があれば，防犯活動を行なっている地域がサポートすることも必要かもしれません。

　最近，防犯カメラなどの防犯機器が普及しています。これは先ほど言ったように，人の力だけではなかなかできない部分もあります。遠慮なく物とか機械，防犯カメラなども使っていいと思います。人の力だけでやっても絶対足りない部分はあります。もちろん物の力だけでも絶対足りない部分はあるわけです。物と人がじょうずに融合していくことが，効果的，効率的な防犯対策につながっていきます。そういうことから，犯人がたじろぐ「しかけ（物）」と地域の連携の「心がけ（人）」が大事になってくるのではないかと思います。

　最後に，警察や行政からのさまざまな正確な情報や防犯対策の理論，またその根拠，そのような正確な情報に基づいた活動とか対策をぜひとも行なっていただきたい。あまり思い込みすぎずに，正しい根拠に基づいた，情報，理論をもとに，活動と対策を実行していくことがこれから重要になってくると思います。犯罪をゼロにすることはできないかもしれません。けれども，安全な地域というのが必ずつくれるということは間違いないと思います。

　まず，自分たちの地域を安全にしよう。それが多くの地域に広がっていくことで，全体の犯罪は減っていくと思います。自分たちのまちから犯罪をなくしていく。それがまず安全で安心して住める日本をつくっていくことの第一歩になるのではないかと思います。

8 プロの侵入手口と防犯対策

● **富田　俊彦**
（警察庁指定広域技能指導官）

日本大学法学部卒業，警視庁刑事部捜査第三課で，28年間窃盗事件捜査に従事。全国の警察職員に現場観察要領や犯行手口分析などの捜査技術を伝承する「警察庁指定広域技能指導官」に指定される。現在は「防犯性能の高い建物部品の開発・普及に関する官民合同会議」における防犯性能試験の指導員も務めている。

侵入手口の変化

　警視庁では平成15年を治安回復元年として「3年間で10年前の治安に戻し東京を世界一安全なまちにしよう」と努力しているところです。

　私は捜査第三課で通算28年間侵入盗捜査一筋に歩んできており，被害現場へ臨場して侵入の手口に関する分析および同一事件の把握などを担当しております。

　最近の侵入手口は驚くばかりの変わりようで，従来にはなかった特異な侵入用具を使った新たな手口の事件が次々と発生しています。現在どのような手口があるか，その対策方法は何かを説明することで，リーダーとして防犯の最先端に立つ皆様の防犯対策に生かしていただき，ひいては本当に「世界一安全で都民が安心して住めるまちづくり」が実現すれば幸いです。

　まず，最近の侵入手口の現状です。ピッキング困難な錠の普及により，とく

に外国人の窃盗グループによるピッキング事件は平成12年の11,000件をピークに減少しています。しかし，その代わり，平成14年8月以降ピッキング困難な錠を狙ったドアに穴を開けてサムターンを回すという新たな手口が急増しています。ピッキングが大幅に減った分，反比例してこのサムターン回しが大幅に増え，この傾向は全国的な規模で発生しているのです。

　犯人たちはピッキングできなかったからといってあきらめて帰るのではなく，ピッキング困難な錠であればサムターン回しを狙い，それができなければバールでドアをこじ開けます。さらに窓ガラスを携帯用バーナーで焼き切ってクレセント錠を開けて侵入する事件が激増しています。

　窃盗犯人，とくに来日外国人の窃盗グループは侵入方法を常時研究しており，侵入用具の開発と改良に努力し，工夫したことがうかがえます。今までになかった新たな特異侵入手口が増加している原因がここにあるのです。

　犯人たちは従来のわれわれの概念を越えたところで防犯性能の弱点を狙って安全確実に犯行するために次の手を考えて研究努力しているのです。

　警察が推奨する1ドア2ロックでもドアに穴が開けられてサムターンを回されて侵入されています。2つ目の補助錠はどれを選んで付けるべきかそこまで求められているのです。

　錠をかけていながら侵入されて緊縛，強奪，果ては命までも奪われてしまう恐ろしい時代です。今ほど都民に自分の安全を守る対策が求められることはこれまでにはけっしてなかったことです。

　このような現状を知ったうえで，どこが問題であるか情報を的確にキャッチし，実際の手口に基づいた対策を立てることが必要で，従来のハードの面の対策は泥縄式なものであって本当の解決策にはならないのです。「これを付けていれば大丈夫」と安心してしまうのではなく，「さらにこういうケースも起こり得る」ということを情報として確認したうえで，一歩先を行く対策を立てていただきたいと思います。

確かな防犯対策のために

　これからの防犯対策についてですが，窓，ドア，シャッターなど建物の部品は人の生命，身体，財産を守るべき使命をもつ大変重要なものです。これからは，建物の中でも錠前だけではなく，ガラスもサッシも格子もシャッターも総合的に建物全体が防犯対策の対象になります。

　侵入犯罪の防止を図るため平成14年11月，関係省庁および建物部品関連の民間団体からなる「防犯性能の高い建物部品の開発・普及に関する官民合同会議」が設置され，現在の手口に基づいた防犯性能試験を実施しました。平成16年4月1日，この試験に合格した防犯性能が高いと認定されたドア，窓，シャッターなどの建物部品として15種類，2,281品目が公表されたのです。

　今回開発されたこれらの建物部品を私たちが正しく選択して，広く普及すれば，ハード面でも本当に万全なセキュリティを実現していけると確信します。今までこのような基準をもたなかった日本にとっては，これからがスタートといえます。

　しかし，どんな対策を講じても泥棒とのイタチごっこは永遠に続いていきますが，今現在努力している開発の過程と結果から，さらにもう少し努力と改良を続ければ，侵入盗の手口から見て犯人たちが絶対悩むといえる確実にすばらしい対策になることは間違いありません。建物の中に防犯性能の高い部品がしだいに着実に普及していけば，必ず犯罪も抑えていけると思うのです。

　建物全体にあらゆる防犯対策等を設けることは，コストもかかり大変難しいことです。「安全と安心はタダではない」とか「安全は買う時代」と言われますが，ただやみくもに高価な設備を導入すればよいというわけではありません。さまざまな侵入手口を見て，今どこが狙われているのかという分析に基づいて，必要な箇所に防犯性能のよい建物部品を使うことで，それが徐々に全体に行き渡ったとき，必ず確かな防犯対策になってくるはずです。

　今一番必要なことは，いったいどのような事件が起きていて，どんな事態になっているか的確な情報により現状を理解し，それに基づいた防犯対策を立てることです。

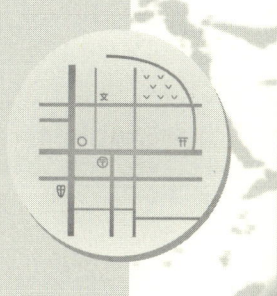

Part 3
地域安全マップの作製と活用

● **飯村 治子**
（NPO法人地域交流センター客員研究員）
専門は建築計画，都市防犯計画。日本女子大学家政学部住居学科卒業後，(財)都市防犯研究センター，東京大学を経て，現職。主著に『都市の防犯』（共著，北大路書房）がある。（詳細は編者紹介を参照）

● **樋村　恭一**
（大妻女子大学非常勤講師／NPO法人地域交流センター客員主任研究員）
前掲134ページ

● **小出　治**
（東京大学教授）
前掲13ページ

　ここでは，地域に適した活動や，それぞれの防犯ボランティア団体が無理なく続けられる活動を考えるための方法として，地域安全マップの作製とそれを使った活動計画の立て方を説明します。

問題点を知る：地域安全マップの作製

◆ 地域の問題点とは何か

　安全で，安心して暮らせる地域をつくるためには，地域の防犯上の問題点を解決していかなくてはなりません。この地域の問題点とは，ひったくりや空き巣狙いなど，地域で発生する犯罪だけに限りません。落書きやゴミ，放置自転車，暗いところや見通しの悪いところなど，地域の環境にかかわる問題点も含

まれています。地域の環境に対して配慮の欠けた場所では，犯罪が起こりやすくなるといわれています。たとえばゴミ拾いや，時間外にゴミ出しされていないかをチェックすることは，地域の環境を改善するための活動でもあり，放火という犯罪が起こりにくいまちにするための活動でもあります。落書きを消したり，捨て看板やビラを撤去したり，常に地域の環境に目が行き届いているということは，犯罪が起こらないように目を光らせているということと同じです。こうした多岐にわたる地域の問題点を解決するために取り組むことが，防犯ボランティア団体の活動といえます。

◆ 地域安全マップの利点・欠点

　活動を始める前にまず，地域のどこにどんな問題点があるのかを知る必要があります。住み慣れたまちでは，どこにどんな危ない場所があるのか，どんな問題点があるのか，おおむね想像することができるでしょう。また，防犯パトロールなどの活動を通じて，気づいたことや犯罪の起こりやすそうな場所を認識していることもあるでしょう。防犯活動を行なっていくうえで，こうした情報を防犯ボランティア団体のメンバー全員で共有することが大切です。さらに，こうした情報を地域の住民にも伝え，注意をうながしていかなければなりません。どこにどんな問題点があるかを示し，だれが見ても理解できるものとして，地域安全マップがあります（写真3-1）。

　Part 2では子どものマップづくりについて述べましたが（p.38），最近，とくに子どもたちを対象にして，防犯意識を高めるために地域安全マップが広く作製されています。これは防犯ボランティア団体にとっても活動を進めるうえで非常に有効な方法です。地域安全マップは，まちのどこにどんな問題点があるかを地図上に表現したものです。このマップの利点には，まちの問題点や犯罪の起こりやすい場所を自分で見つけることができる，だれにでもつくることができる，他の地図と比較することができる，などがあげられます。

　地域安全マップを作製するときは住み慣れたまちであっても，必ずまちを歩いて問題点を調べる作業を行ないます。まちを歩く前に，防犯の視点でまちを調べるポイントを理解することで，参加した1人ひとりがまちの問題点や犯罪の起こりやすい場所を見つけることができます。また，まちを丁寧に調べるこ

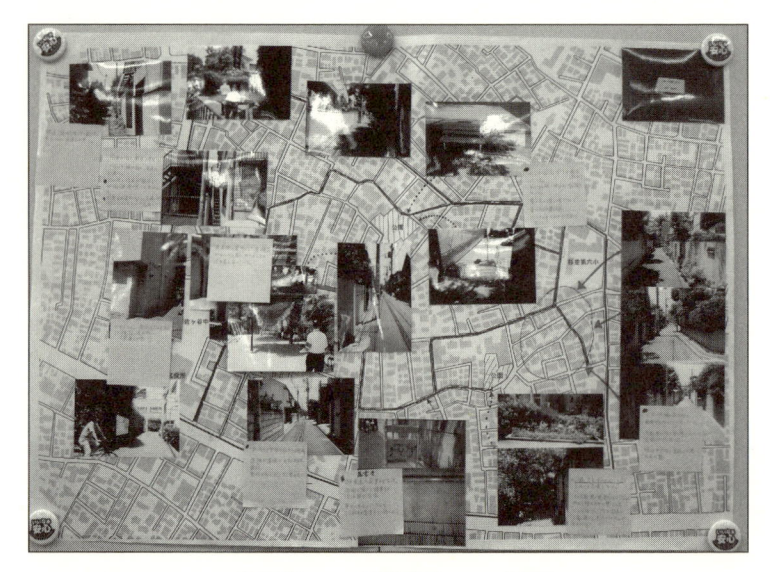

◆ 写真 3-1　地域安全マップの例

とで，普段の活動で見落としていた問題点を見つけることができます。

　だれでもつくることができるということは，たくさんの情報を集めることができるということです。防犯ボランティア団体だけでなく，地域の子どもたちや防犯活動に参加していない住民にもつくることができます。子どもたちの遊び場所や子どもたちが危険だと感じている場所は，大人の視点では見つけられないことがあります。夜間のまちの問題点や犯罪の起こりやすそうな場所は，夜遅くに帰宅する人の視点，つまり仕事などで防犯活動に参加できない人の視点が必要になります。さまざまな視点でまちを見ることによって，より充実したマップをつくることができ，それを活動に反映させることができます。また，参加した住民の防犯意識を高める手助けにもなっていきます。

　土台となる地域の地図は変わらないので，他の地図と比較することができます。たとえば，交通安全マップや防災マップ，バリアフリーマップなど，防犯以外の別の地図と比較することができます。防犯上の問題点は，交通安全や防災，福祉など他のさまざまな問題点と密接に関係しています。防犯と同じ問題

点を抱える，交通安全や防災など他の活動団体と協力し，防犯ボランティア団体だけでは改善できない問題点を解決するきっかけをつくることができます。また，同じ地域安全マップどうしを比較することができます。地域の子どもたちがつくったマップと比較して子どもの視点を補うこともできるでしょう。昼のマップと夜のマップを比較したり，雪の多い地域では夏のマップと冬のマップを比較したり，時間帯や季節によって危険な場所や問題点のある場所が異なることを見ることもできます。今年のマップと次の年のマップを比較して，防犯活動によって問題点が解決できたかどうか，活動の効果を見たり，活動の見直しに役立てることもできます。

このように，地域安全マップの作製は利点が多く，防犯活動を進めるうえで非常に有効な方法ですが，欠点もあります。地域安全マップは，あくまでも，どこにどんな問題点があるかを知るための道具です。マップをつくっただけでは，まちの中の問題点は解決されていません。マップをつくったあと問題点をどのように解決していくかを考え，実行することが防犯ボランティア団体の活動となります（次節「問題点を解決する」を参照）。

◆ 地域安全マップのつくり方

地域安全マップの作製の流れを図3-1に示します。まず，マップづくりに必要な道具を準備します。また，まちを歩く前に必要な情報も集めておきましょ

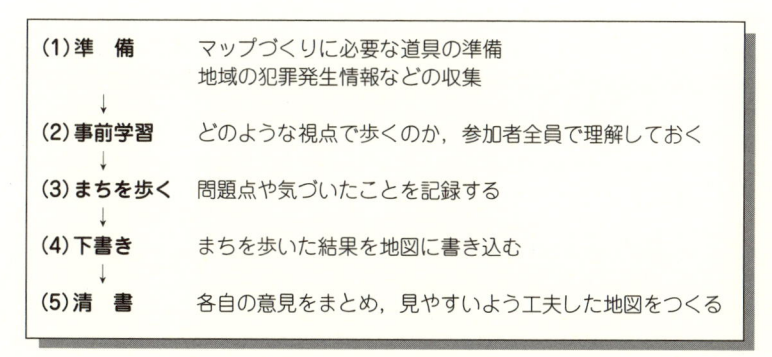

(1) 準　備		マップづくりに必要な道具の準備 地域の犯罪発生情報などの収集
↓		
(2) 事前学習		どのような視点で歩くのか，参加者全員で理解しておく
↓		
(3) まちを歩く		問題点や気づいたことを記録する
↓		
(4) 下書き		まちを歩いた結果を地図に書き込む
↓		
(5) 清　書		各自の意見をまとめ，見やすいよう工夫した地図をつくる

◆ 図3-1　作業の流れ

う。次に，どんなところに注意して歩いたらよいか，どんなところを調べればよいか，まちをみるポイントを説明し，参加する1人ひとりが地域の問題点を見つけられるようにしましょう。まちを歩くときは，4～5人程度のグループで行動し，どこにどんな問題点があるのか記録したり，ようすを写真に撮影したりという作業を分担するとよいでしょう。まちを歩いた結果を地図に下書きし，グループ内で意見をまとめて清書し，完成させます。複数のマップを作製した場合は，互いに発表し，意見の交換をします。

(1) 準備する

マップ作製に必要な，事前に準備する道具を表3-1に示します。

土台となる地図は，問題点のある場所を明確に示すため，市販の住宅地図など縮尺の小さいもの（1,000～2,000分の1）が適しています。地図の大きさは，新聞紙見開き1ページ分が作業するのに適しています。市販の地図を適宜拡大して用意しましょう。また活動範囲が広い場合は，マップ作製範囲を分割しておきます。模造紙などを利用して，写真を貼り付けたり，文字を書き込んだりする余白部分をつくっておくと作業がしやすくなります。色を塗ったり写真を貼ったりするので，地図は白黒印刷のほうが適しています（写真3-2）。

まちを歩くときは，筆記用具とカメラが必要になります。まち歩き用に手持

◆ 表3-1 準備するもの

まち歩きで使用	まち歩き用の地図	歩いた経路や写真撮影箇所を記録する
	筆記用具	問題点や気づいたことなどを記録する
	カメラ	問題点や気づいたことなどを撮影する
マップづくりで使用	地図	マップの土台になる地図
	付箋紙	意見を書き，マップ上に貼付する 赤，青，黄など何色かを用意する
	サインペン・マーカーなど	マップに書き込んだり，色を塗ったりするのに使用
	はさみ・セロハンテープなど	写真や付箋紙に書いたコメントをマップに貼付するときに使用

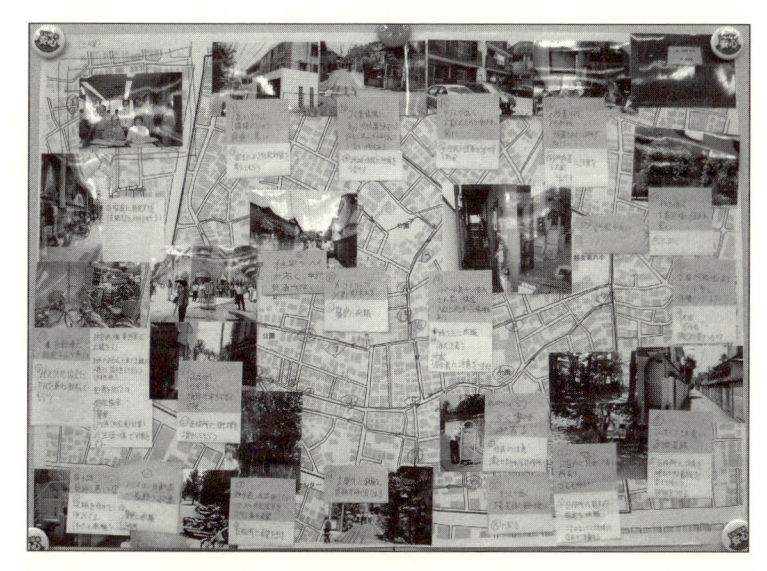

◆写真3-2 マップ例（土台となる地図に写真，付箋に書いたコメントを貼り付ける）

ちの地図（市販の地図を複写したもの）があると，歩いた経路や記録した場所，写真を撮影した場所などを書き留めるのに重宝します。

　下書き・清書には，地図に書き込むための筆記用具や写真の貼り付けに必要な文具を用意します。付箋紙は意見を書き込むために使います。貼ったり剥がしたりが容易なため，意見を出し合い，まとめるのに適しています。付箋紙は何色か用意し，意見によって色分けをするとよいでしょう（例；赤→問題点を書く，黄→気づいたことを書く，など）。

(2) まちを見るポイント

　地域安全マップには，

・犯罪発生場所

・犯罪不安場所

・地域の環境に関する問題点

・安全な場所

・まちのよいところ

というような情報を書き込みます。

まちを歩く前に、それぞれどのような視点で調べるのか、なぜこうした情報がマップに必要なのか、理解しておきましょう。

・**犯罪発生場所**

犯罪が発生した場所を実際に見て観察し、「なぜ」そこで犯罪が起きたのかを考え、記録していきます。犯罪発生場所を観察することは、防犯活動を行なっていくうえで大切なことです。Part 2で、犯罪の起こりやすい場所について説明（p.71, p.137〜参照）しましたが、これはあくまでも一般的に多いとされているケースです。地域によって異なる場合もあるでしょう。地域に適した活動をするために、まず活動する地域の犯罪発生状況（いつ、どこで、どんな犯罪が起きたか）を調べましょう。

犯罪発生場所を見るときは、犯罪の起きた場所と起こらなかった場所で環境の違いを比較しましょう。犯罪の起きた公園と、そうではない公園では、どんな環境の違いがあるか、ひったくりの多い通りと少ない通りでは何が異なるのか、このように比較をし、犯罪を減らすためにはどのように環境を改善すればよいか考えましょう。

ただし、地域で起こるすべての犯罪について、その発生場所を知る必要はあ

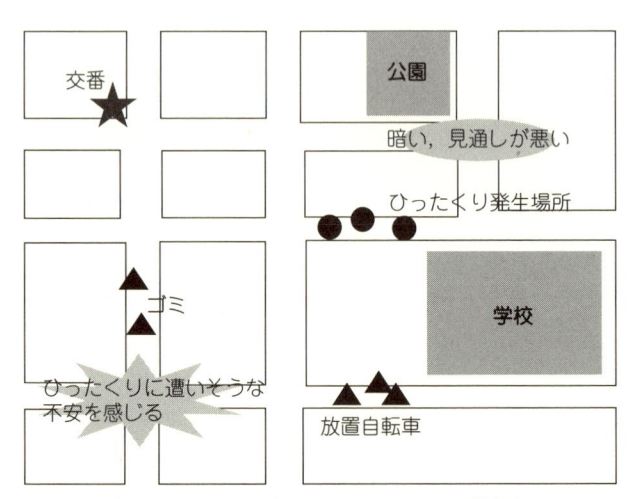

◆ 図3-2　マップに書き込まれている情報例

◆ 表3-2　防犯活動によって防ぐことができる犯罪

屋外で起こる犯罪	ひったくり，痴漢，子どもに対する犯罪，車上荒らし（駐車駐輪している乗り物が傷つけられるなど），乗り物の盗難，放火，路上での暴行・強盗など ※このうち夜間の被害が多いものは，ひったくり，放火，乗り物に対する犯罪
建物の中で起こる犯罪	空き巣狙い，店舗や会社事務所での侵入窃盗

りません。犯罪には多くの種類がありますが，防犯活動によって防ぐことができる犯罪（表3-2）を対象とします。

　犯罪発生場所の情報は最寄りの警察署などで調べることができます。地域によってはインターネット上に公開されていることもあります。犯罪発生情報は，「いつ」「どこで」「どんな」犯罪が起きたかを調べましょう。だれがどんなふうに被害に遭ったのか，というような個人のプライバシーにかかわる情報は必要ありません。犯罪の発生した時間帯，場所を知ることで，より効果的な活動の方法や活動時間を決めることができます。

▶▶▶▶▶
注1　警視庁では「犯罪発生マップ・犯罪情報マップ」を提供している。
　　　http://www.keishicho.metro.tokyo.jp
　　　また，各都道府県のホームページでも犯罪情報を提供している。

　建物の中で起こった犯罪については，「どこで」を知ることができません。被害に遭った建物（たとえば，空き巣狙いであれば○○さん宅というように）を特定することは，被害に遭った人を特定することにつながる可能性が高いからです。建物の中で起こった犯罪については，「この地域では昨年1年間に○件発生しました」という形で知ることができます。

　屋外で起こった犯罪については，被害に遭った人が特定される可能性が低いことから，「何時頃」「どこで」起きたという情報を知ることができます。「何時頃」は，朝・昼・夕方・夜など，どの時間帯に起きたのかを知るために必要な情報です。「どこで」は，「○○公園で」「○丁目○番地の路上で」など，できるかぎり詳細な情報を集め，まち歩きで見にいくことができるようにしましょう。

犯罪発生に関する情報は，過去1年間程度の情報を収集できれば十分です。また，隣り合う地域の発生状況（どんな犯罪が1年間に何件起きたかという程度）も併せて調べておくとよいでしょう。活動する地域と隣の地域を比較し，環境の違いや地域の特徴から，地域全体で起こりやすい犯罪を考察してみましょう。

Check ポイント

- [ ] 地域のどこでどんな犯罪が起きているかを把握する
- [ ] 犯罪の起きた場所と起こらなかった場所を比較して，どんな環境の違いがあるかを考える。夜，起きた場所では，暗くなってから観察する

・犯罪不安場所

実際に犯罪が起きていなくても，まちの中には犯罪の被害に遭いそうな不安を感じる場所，というものがあります。これを犯罪不安場所といい，地域安全マップでは，屋外で起こる犯罪についての犯罪不安を考えていきます（表3-3）。まちを歩きながら，「どこで」「どんな犯罪に遭いそう」な不安を感じるのか，記録していきます。犯罪不安場所には何らかの環境の問題点があります。地域の住民が安心して暮らせるように，どこにどんな不安があるかを調べ，犯罪不安を減らす取り組みを考えましょう。

◆ 表3-3 犯罪不安の特徴（不安の種類，不安な場所，不安な理由）

不安の種類	場所	不安に感じる理由
ひったくり 停めておいた車が傷つけられそう 車・自転車が盗まれそう 子どもに対する犯罪が起こりそう 放火されそう 痴漢に遭いそう 何となく不安に感じる など	公園 駐車場 道路上 など	人通りが少ない 交通量が少ない 暗い 見通しが悪い 少年がたむろしている ホームレスの人がいる 人気(ひとけ)がない など

犯罪不安は，自分あるいは自分の家族が，何らかの犯罪の被害に「遭いそう」「遭うかもしれない」という不安や心配の気持ちのことです。ですから人によって，さまざまな不安があり，不安に感じる場所が多い人・少ない人という差があります。一般に，犯罪不安にはいくつかの特徴があります。不安を感じやすい傾向が高いのは，子ども，女性，高齢者といわれています。まちを歩くときは，こうした人たちに参加してもらったり，こうした人たちの立場で見ていきましょう。多くの人が不安を感じる場所は，公園や寺社，駐車場，人通りの少ない道路などで，昼間より夜に不安を感じるといわれています。不安を感じる理由には，「暗い」「人通りが少ない」「見通しが悪い」「何かあったときに助けを求めても気づいてもらえなさそう」「だれかが隠れていそう」といったことがあげられています。まちを歩くときは，このような特徴に留意しましょう。

不安を感じやすい人の立場に立ってチェックしてみましょう。

Check ポイント

- ☐ 子どもが1人で歩いていて，「どんな犯罪」の被害に「どこで」遭いそうか，「なぜ」不安を感じるのか
- ☐ 女性や高齢者が1人で歩いていて，「どんな犯罪」の被害に「どこで」遭いそうか，「なぜ」不安を感じるのか
- ☐ 夜，1人で歩いていて，「どんな犯罪」の被害に「どこで」遭いそうか，「なぜ」不安を感じるのか

・地域の環境に関する問題点

落書きやゴミ，放置自転車，ホームレスの問題など，地域の中には環境に関する問題点があります。まちを歩きながら，どこにどのような問題点があるか記録していきます。

地域の環境に関する問題点は，放置しておくと，地域の人がまちに関心がないことを示すものとして，軽微な犯罪や路上での犯罪が起こりやすくなるといわれています（割れ窓理論）。また，犯罪不安を感じさせる環境の問題点と共通していることが多くあります。

地域のいたるところで見られる環境の問題点を調べてみましょう。

Check ポイント

明るさ
- ☐ 暗い場所，明るさにムラのある場所はないか
- ☐ 街路灯（防犯灯）が壊れていたり，電球が切れているところはないか
- ☐ 樹木の枝葉によって光が遮られているようなところはないか

見通し（p.65，p.144 参照）
- ☐ 塀，石垣，手入れされていない生垣，街路樹などによって道路の見通しが妨げられていないか
- ☐ 明るさが不足していることで見通しが悪くなっているところはないか
- ☐ 死角になっているところはないか

人通り
- ☐ 人通りの少ないところはどこか
- ☐ 時間帯によって人通りの少なくなるところはどこか

ゴミ（p.142 参照）
- ☐ ゴミが散乱していないか
- ☐ 時間外に出された家庭ゴミはないか
- ☐ ゴミ集積所はきちんと管理されているか
- ☐ 所有者のわからないものや，不法投棄されたものはないか

放置自転車・違法駐車（駐輪）
- ☐ 所有者のわからない乗り物が，乗り捨てられていないか
- ☐ 不審な車が停まっていないか
- ☐ 通行の妨げになっていないか

その他
- ☐ ホームレスの問題はないか
- ☐ 深夜に少年がたむろしているような場所はないか（p.129 参照）
- ☐ 落書きはないか
- ☐ ビラが貼られていたり捨て看板などの広告物がないか
- ☐ 公共のもの（防犯灯，消火器，公衆電話など）が壊されたり，傷つけられていることはないか

学校や公園など地域の住民が利用する施設のまわりや，犯罪の起こりやすそうな場所では，とくに気をつけて調べる必要があります。

Check ポイント

学校，図書館，公民館など公共施設のまわり

　公共施設は昼間と夜間では大きな違いがあります。人通り（利用者を含む）が異なります。夜間は施設内の消灯によって，施設周囲の明るさが不足する場所が生じたり，植栽（樹木）の管理ができていないために，枝葉が街路灯（防犯灯）の明かりを遮ってしまって，照明器具があっても明るさが不足したりすることがあります。利用者にとって安全であるか，施設の周辺を通行する人にとって安全であるか，という視点で公共施設周辺の環境をチェックしていきます。

- ☐ 明るさ
- ☐ 見通し
- ☐ 人通り
- ☐ 植栽（樹木）の管理

道路

　一般に人や車が往来する主要な道路だけではなく，路地や通り抜けできるような通路，緑道や遊歩道，地下道なども，くまなくチェックしましょう。また，通学路に指定されている道路は，子どもにとって安全であるかという視点で調べましょう。

- ☐ 道幅
- ☐ 明るさ
- ☐ ガードレールの有無
- ☐ 通行を妨げるもの，歩道をふさぐものの有無

公園

　公園は，園内もチェックしましょう。外からの園内への見通しと，園内から外への見通しの両方を確認し，見通しの悪い場所に遊び場や遊具が設置されていないか，外からの死角になるような場所はないか調べましょう。また，ホームレスの問題や，深夜に少年のたむろする場所になってしまう問題などがないか確認しましょう。利用者にとっての安全だけではなく，公園の周辺を通行する人にとっても安全であるかという視点で調べていきましょう。

- ☐ 明るさ
- ☐ 見通し
- ☐ ゴミ箱，トイレ，ベンチ，遊具などの管理（落書きや破壊はないか）がされているか
- ☐ 公園内のトイレは人目につきやすい場所に設置されているか
- ☐ 植栽（樹木）の管理
- ☐ ホームレスや少年のたまり場になるなどの問題がないか

駐車場，駐輪場

- ☐ 明るさ
- ☐ 利用者以外の人が出入りできないように管理されているか

空き地，空き家，空き店舗（p.144 参照）

- ☐ みだりに人が入らないように施錠するなどの管理がされているか
- ☐ 植栽（樹木）の管理
- ☐ ゴミなどの不法投棄はないか

寺社，工場など大きな敷地をもつ施設の周辺
- ☐ 明るさ
- ☐ 見通し
- ☐ 人通り
- ☐ 植栽（樹木）の管理

・安全な場所

　地域の中には危険な場所だけではなく，何かあったときに，助けを求めて逃げ込めるような，安全な場所もあります。そうした場所が「どこに」あるかを記録していきます。

　安全な場所には，交番や店舗のような施設だけではなく，何かあったときに警察に通報できる公衆電話や緊急通報装置（スーパー防犯灯）の設置場所も含まれます。安全な場所が地域の中に偏りなく分布しているかどうか，昼間だけでなく夜も安全な場所があるかどうかを調べましょう。

Check ポイント

- ☐ 交番・派出所の場所
- ☐ 子ども110番の家などの場所（p.75参照）
- ☐ 24時間営業の店舗など，夜間何かあったときに助けを求めることができる施設の場所
- ☐ 公衆電話・緊急通報装置など，何かあったとき警察に通報できる設備のある場所

・まちのよいところ，まちの特徴

　まちのよいところ，すでにまちにあるもので防犯上有効だと思われることなどを記録します。まちのよいところとは，現状で防犯上よいと評価ができるところです。公共施設，道路，公園など，まちの中の問題点をチェックしながら，改善するときの見本となるようなよい点があれば，それを記録していきましょう。また，防犯活動の際に活用できるもの（町内会・自治会の掲示板や回覧板など）や，他団体の地域での活動状況（防災パトロールやPTAのパトロール，

清掃活動，ボランティア活動など）があれば，それを記録していきましょう。
　まちの特徴では，どのような種類の住宅が多いか，どのような年代の人が多く住んでいるか，駅や商店街があれば，どのような特徴をもっているか，などを記録していきましょう。まちのよいところやまちの特徴は，問題点を解決するとき，それぞれの地域にあった方法や対策を考えるために必要な情報となります。

Checkポイント

- □ まちの中に防犯上とよいと思われるところ，見本となるようなことはあるか
- □ まちの中で，ほかに行なわれている活動はあるか，どこでどのような活動が行なわれているか
- □ どのような建物（一戸建て住宅，アパート，マンション，店舗，工場，ビルなど）が分布しているか
- □ どのような年代の人が多く住んでいるか
- □ 駅や商店街のようす，特徴（利用者の多少，住んでいる人以外の利用も多いか，など）（p.37 参照）

(3) まちを歩く

　歩く範囲は活動する地域の範囲とします。活動する範囲が広い場合は分割しましょう。まち歩きにかかる時間の目安は，都心部のように道路が複雑に入り組んでいる地域で，500m四方の場合2時間程度となります。
　まちをみるポイントをふまえて，まちを歩いていきましょう。どこにどんな問題点があるのか，どこにどんなよい点があるのかを見つけて，紙にメモしたり，写真を撮影したりして記録していきましょう。
　まちを歩くときの注意点は，まちを観察することに気をとられて，事故・けがなどがないようにしましょう。とくに，子どもが主体となってマップをつくる場合は，事故・けが防止のため，各グループに大人が1人付き添うようにします。また，プライバシーの侵害にあたることがないように，個人の敷地内に立ち入らない，撮影するときには，家の中などが写らないように気をつけまし

ょう。公園以外は，道路から見える範囲で観察，撮影をします。

まち歩き終了後，写真を現像し，マップづくりの準備をしておきます。

(4) 下書き：土台となる地図にまち歩きの結果を書き込む

土台となる地図に，まず，写真の撮影箇所や歩いた経路を写しておきましょう。次に，まちを歩いて見つけたことを，各自で付箋紙に書いて，その場所に貼り付けていきます。このとき，意見の重複があってもかまいません。参加した全員が，それぞれ見つけたことを出し合うようにしましょう。

付箋紙は，赤には問題点，青にはよい点や地域の特徴，黄色には気づいたことを書くなど色によって書き込む内容をあらかじめ分類しておくと，まとめやすく，見やすくなります。

一通り意見を出し終わったところで地図を見てみましょう。どこに，どの色の付箋が貼られているか確認しましょう。地域全体にどんな問題点があるのか，問題点が多い場所はどこか，グループで話し合い認識を深めましょう。

(5) 清書する

見やすい，わかりやすい地図をつくるために，付箋に書いた意見を整理し，写真で表現したり，記号化したりします。

まず，下書きで貼り付けた付箋のうち，同じ場所で重複している意見があれば，それを1つにまとめていきます。付箋に書いた意見を表わすような写真があれば，選んでおきましょう。写真や付箋は，歩いた経路がわかるように，引き出し線を使って地図の余白部分に配置し，レイアウトが決まったら剥がれないように貼り付けていきます。

樹木が茂り見通しの悪い場所や，ゴミのポイ捨てがあった場所など，まちの中に多く散在することについては，写真や文章で1つひとつ表現するよりも，記号にして見やすくまとめましょう。また，人通りが少ない通りとか，暗い通りなど，広範囲にわたることは色を塗るなどして表現しましょう。記号化したものについては凡例をつけておきましょう。

1枚の地図に効率よく情報をまとめ，見やすくわかりやすいものになるよう，グループで議論し進めていきましょう。

(6) 地域安全マップの完成

グループにわかれ，複数のマップを作製した場合は，全体で発表し意見の交

換をしましょう。発表し意見を交換することで，見落としたことや視点の違いなどを補い，参加者全員が地域に対して同じ認識をもつことができます。防犯ボランティア団体のメンバー間で，共通の問題認識ができることで，活動を円滑に進められるようになるだけではなく，地域住民が参加することで，防犯活動への理解や協力を得るきっかけになることでしょう。

次に，完成したマップを考察しましょう。犯罪発生場所や犯罪不安場所，そのほかの地域の問題点を，どのように改善したらよいか話し合いましょう。安全な場所が地域に十分にあるか，地域の特徴やよいところについても議論しましょう。また，完成したマップの活用方法についても考えましょう。参加していない人とも共通の認識がもてるように掲示や回覧をしたり，防犯ボランティア団体の活動に役立てていきましょう。

問題点を解決する

次に，地域安全マップを使った，防犯活動の進め方について説明します。

まちのどこに問題点があるかを知ることは，防犯意識を高めたり，注意喚起にはなりますが，問題点はまちの中に残ったままです。こうした問題点を解決しなければ，安全で安心して暮らせる地域をつくることはできません。まず，問題点を解決するためには，どのような対策が必要か，議論しましょう。ところが，対策を議論する中で，防犯ボランティア団体では解決することができないものが生じてきます。街路灯やガードレールの設置は行政の協力がなければできないものですし，犯罪発生情報を提供するには警察の協力がなければできません。地域の住民の協力がなければできないこともあります。防犯ボランティア団体が解決できる問題点や，するべきことを整理しましょう。そして，どのように活動を進めていくか，活動の計画を立て実行していきましょう。

◆ **マップの整理**

まず作製したマップを使って，解決したい問題点を活動の目標に定めます。

地域の問題点はたくさんあり一度に解決することは難しいので，優先順位を考えましょう．現在の活動に応じた，取り組みやすさから目標を決めたり，地域に多くみられる問題点から順に，あるいは危険度（早く解決するべきだと考えられること）の順に，決めていきましょう．
・まち全体に，どんな問題点が多いか
・優先的に取り組みたい，いち早く改善したい問題点は何か
・防犯ボランティア団体の活動として取り組むことができる問題点は何か

◆ **対策を考える**

すべての問題点について，どのような対策が必要か検討します．対策は「だれ」が「どのような方法」で行なったらよいかを具体的に考えていきましょう．1つの問題点に対して，対策は1つとは限りません．対策を講じる主体ごとに，それぞれできることがあります．

たとえば，暗い通りを明るくしようとするとき，
① 防犯ボランティア団体が行政へ防犯灯設置を依頼する
② 行政が防犯灯を増設する
③ 防犯ボランティア団体が沿道の住民に門灯を点けるよううながす
④ 沿道の住民が門灯を点ける
⑤ 防犯ボランティア団体が，通りの明るさが改善されるまでパトロールをする

と，いうように1つの問題点を解決するための対策は，主体ごとにいくつも考えることができます．また，防犯ボランティア団体にできる対策には，①や③のように働きかけという形で解決をうながす活動も含まれています．防犯活動によって直接解決できない問題点も，対策の主体に働きかけ間接的に解決できる場合があることに留意して，さまざまなアイディアを出しあい，議論しましょう．

地域安全マップに記された問題点の1つひとつに対して，主体ごとに対策を考え，付箋紙に書いて貼り付けていきましょう．まちの特徴やまちのよいところを活かした対策がないか，議論しましょう．
・対策の主体ごとに考える（防犯ボランティア団体，地域住民，行政，警察，

PTAや商店街など地域のほかの団体)
・まちのよいところ，特徴を活かす方法を考える

◆ **活動を計画する**

実際の活動をどのように進めていくか考えます。前々項の「マップの整理」では解決したい問題点を活動の目標に決めました。前項の「対策を考える」では，防犯ボランティア団体でできること，活動するべきことを議論しました。ここでは，これから1年間，活動の目標を達成するために，防犯ボランティア団体でできることのうち，どの活動をどのように進めていくのか，具体的に考えていきます。実際の活動には，人，費用，時間がかかります。こうした点も留意して，できることを無理なく行なっていくための計画を立てていきましょう。

ここにいくつかの例を紹介します。

例1や例2は，現在行なっているパトロール活動を活かして問題の解決を図る計画を立てています。すでに活動している防犯ボランティア団体の悩みに，

◆ 例1

まちの特徴	花を育てている家やガーデニングに関心のある家が多い
地域の問題点	空き巣狙いが多い 昼間の人通り，人目が少ない
活動計画	空き巣狙いを減らすため，人の目（監視の目）を増やしたい。昼間の人目を増やすため，地域の住民に花壇や庭木の手入れをするときには，道路にも目を向け，不審な人や見慣れない人が歩いていないか注意を払うようにうながしていく。防犯ボランティア団体は昼間のパトロールを行ない，パトロール中はあいさつを励行する。

◆ 例2

地域の問題点	個人宅の庭木が道路にまで伸びている家が多く見通しが悪く暗い
活動計画	地域の植木屋さんに協力・参加を呼びかけ，剪定パトロール隊をつくり，枝葉が道路まで伸びて見通しを悪くしているような家を1件ずつまわって，剪定させてもらう。

活動に参加する人が少ない，ということがあります。地域によっては，集まって活動することが困難な場合もあるでしょう。パトロールに代わる活動や，パトロールに参加しやすい仕組みを考えてみましょう。みんなで集まって行なうパトロールは参加者に負担がかかりますが，買い物の往来や犬の散歩，自宅前の清掃や庭の手入れなど，住民1人ひとりが普段の生活の中で地域に目を向けるときを利用して，パトロールの代わりとすることができます。少ないメンバーでも効率的に防犯活動ができるように，対策を工夫してみましょう。

　例3は，狭い道路が多い地域での，放置自転車の多さが優先的に取り組みたい問題点としてあり，費用や時間がかかっても働きかけをして解決を図る計画を立てています。このように費用や時間がかかるけれども，実現すれば非常に大きな効果をもたらす活動があります。逆に，短時間で成果が得られる活動は，メンバーの活動意欲を高めるものになります。防犯ボランティア団体の悩みに，活動を長続きさせるにはどうすればよいか，ということがあります。成果を得るのに時間がかかる活動ばかりでは，メンバーの意欲が低下してしまいます。活動計画を立てるときには，問題点を解決するまでにかかる時間を対策ごとに考え，短期間で成果が得られる活動と，長期的に取り組む活動を並行して行なうよう留意しましょう。

　また，例3は，防犯ボランティア団体だけで取り組むことができない問題なので，地域の商店街と協力して活動するという計画になっています。商店街や事業所，学校のPTAなど地域にある他の団体と協力し，役割を分担すると

◆ 例3

まちの特徴	地域住民によく利用されている商店街がある 道路幅が狭い
地域の問題点	商店街周辺に，利用客の駐輪や放置自転車が多い
活動計画	防犯・防災・バリアフリーの面からも，道路や歩道をふさぐ駐輪は通行の妨げになるため，駐輪場の設置が必要である。商店街に駐輪場の設置を働きかける。防犯ボランティア団体は商店街に対して，商店街を含む夜間のパトロールを行ない，閉店後のシャッターの落書きや看板等が破壊されるといった被害を防ぐ。

いうアイディアは，防犯ボランティア団体の悩みである活動資金の不足，人材の不足などを解消する1つの方法です。たとえば，パトロールの時間帯を，PTA では子どもの登下校時，防犯ボランティア団体は夕方と夜，というように分けることで，パトロールに参加する人の負担を減らすことができます。また商店街や事業所は，夜間・休日など利用者がいない時間帯に犯罪が起こりやすいため，こうした時間に防犯ボランティア団体がパトロールをすることで，防犯活動への協力や支援を得ることができます。

例4，例5は，パトロール以外の活動計画の例になります。防犯ボランティア団体の活動はパトロールだけに限ったものではありません。例4のように情報を発信する活動もあります（実際の活動例は，p.107 参照）。まちには，防犯に関心の薄い人，こうした活動をよく知らない人もいて，住民の中でも温度差

◆ 例4

まちの特徴	共働きの世帯や1人暮らしの人が多い 町内会（自治会）に加入していない人が多い
地域の問題点	空き巣狙い，夜間のひったくり被害が地域全体に多い
活動計画	被害に遭いやすい人に地域の防犯情報を伝える必要がある。防犯ボランティア団体で作製した地域安全マップを配布する。ただし，町内会（自治会）に加入していない人も多いため，コンビニエンスストアやファミリーレストランなど，若い人が利用するような店舗に協力してもらい，そのような店舗でもマップを配布する活動を行なう。

◆ 例5

まちの特徴	昼間の人通りが少ない 人通りの少ない遊歩道がある
地域の問題点	遊歩道沿いにある公園で，子どもたちが犯罪の被害に遭うのではないかという不安感が高い
活動計画	遊歩道の整備を行政にうながし，地域の住民が利用しやすいようにすることで人通りを多くする。公園や遊歩道の花壇の世話をする活動を行なう。地域の住民にも参加するよう働きかける。

があるというのが現状です。少しでもまちの中で起こる犯罪を減らしていくためには，できるだけたくさんの人に関心をもってもらい，犯罪の被害に遭わないようにしてもらわなければなりません。看板などの設置によって注意をうながすだけではなく，防犯に関心の低い住民にも積極的に情報を発信することも重要な防犯活動です。

　例5のように，費用や時間はかかりますが，まちの整備を働きかけることで根本的に問題を解決するという方法があります。また，人通りの少ない場所の人目を増やすために，花壇の世話など取り組みやすい方法で，公園や遊歩道に関心が集まるようにするというアイディアもあります。

◆ 活動を評価する

　この活動計画に沿って活動し，半年あるいは1年後，もう一度地域安全マップをつくって比較し，活動の成果を見てみましょう。活動計画通りに進めることができたかどうか，確認しましょう。解決できた問題点は何か，解決できなかった問題点は何か，新たに生じた問題点は何か，マップを比較し考察しましょう。解決できた問題点は，半年ないし1年の活動の成果です。問題点に対してどんな活動が有効だったのか記録しておきましょう。活動したけれども解決できなかった問題点もあるかもしれません。活動内容や，問題点を解決するための対策をもう一度見直してみましょう。新たに生じた問題点や今回の活動計画では取り組むことができなかった問題点も，まだ，まちの中に残っています。次はどの問題点を解決するか，どのような方法で取り組むか，再度，議論し新しい活動計画を立てていきましょう。

　また，こうした活動の成果を，防犯活動に参加していない地域の住民や行政，警察などにも伝えていきましょう。活動によって改善されたことを広く知ってもらい，より多くの人の理解や協力を得られるようにし，防犯活動を続けやすい環境をつくっていきましょう。

索 引

●あ
空き巣 103
　手口 152
　発生空間 144
　犯人の視点 65, 145

●い
EQ 92

●か
活動の主体 14
活動の対象 15
活動の目標 89

●く
クオリティー・オブ・ライフ（生活の質）
　　　　　　　　18, 20, 146

●こ
公園 35, 145
子ども対象の犯罪 67
　子ども110番 75
　実態 71
　防犯対策 39, 74

●し
少年非行 9
　声かけのポイント 124
　実態 114
　たまり場 130
　補導状況 117
情報 24, 97, 151
しろうと理論 62

●す
ステークホルダー 86

●そ
組織犯罪 7

●ち
地域安全マップ 38, 157
　活動の計画 174
　活動の評価 177
　つくり方 159
　まちを見るポイント 161
地域特性 136
地域分権 14
秩序の乱れ 16

●と
当事者意識 35

●は
犯罪機会論 30
犯罪原因論 29

犯罪に強い社会　6
犯罪に強い要素　31
　　監視性　35
　　抵抗性　31
　　領域性　33
犯罪不安　17，165
パートナーシップ　24
犯人の視点　63

● ひ
ひったくり　63，138，141
　　ガードレール　33，139
　　対策　31
110番のかけかた　130

● ふ
フォロワーシップ　90
プライバシー　143

● へ
減らそう犯罪条例　6

● ほ
放火　142

防犯カメラ　151
防犯環境設計　146
　　監視性の確保　147
　　社会的環境設計　135
　　接近の制御　147
　　対象物の強化　146
　　物理的環境設計　134
　　領域性の確保　148
防犯性能の高い建物部品　154
防犯のまちづくり　135
ポジティブ心理学　57

● も
問題解決型のパトロール　43

● り
リーダー　49，90

● わ
割れ窓理論　18，37，122，165

■ 執筆者一覧 （執筆順）

竹花　豊	（前警察庁生活安全局長）	1-1
小出　治	（東京大学大学院工学系研究科教授）	1-2, 3
小宮信夫	（立正大学文学部教授）	2-1
野口京子	（文化女子大学現代文化学部教授）	2-2
横田賀英子	（警察庁科学警察研究所研究員）	2-3
渡邉和美	（警察庁科学警察研究所主任研究官）	2-3
中竹竜二	（早稲田大学ラグビー蹴球部監督）	2-4
黒川　敬	（NHK番組制作局デスク）	2-5
明珍孔二	（警視庁生活安全部世田谷少年センター所長）	2-6
樋村恭一	（大妻女子大学家政学部非常勤講師）	2-7, 3
富田俊彦	（警察庁指定広域技能指導官）	2-8
飯村治子	（NPO法人地域交流センター客員研究員）	3

■ 監修者紹介

竹花　豊（たけはな・ゆたか）
　東京大学法学部卒業後，警察庁入庁。大分県警察本部長，警視庁地域部長などを歴任，平成11年，警視庁生活安全部長に就任し，ストーカー規制法の基となった条例案を手がけたほか，商工ローンに係る広域悪質経済事犯を解決するなど，新たな形態の犯罪に取り組む。平成13年，広島県警察本部長在任中，暴走族の取締強化および暴走族少年の離脱サポートならびに暴力団対策等を推進。平成15年6月，現職官僚として初めて東京都副知事になる。その後，警察庁生活安全局長に就任。平成19年1月警察庁を退職。
＜主著・論文＞
　子どもたちを救おう（単著）　幻冬舎　2005年
　犯罪抑止対策の現状と課題　警察学論集第59巻第7号　立花書房　2006年

■ 編者紹介

樋村恭一（ひむら・きょういち）
　筑波大学大学院修士課程修了。消防庁，(財)都市防災研究所，(財)都市防犯研究センター，東京大学工学部を経て
　現在　大妻女子大学家政学部非常勤講師
　　　　特定非営利活動法人地域交流センター客員主任研究員
　専門は都市防犯（防災）計画。犯罪の発生した空間，犯罪の地理的分布，犯罪者の行動を分析し，都市空間・建築空間の環境を整備することによる犯罪防止手法を構築することが研究の中心である。
　また，杉並区生活安全協議会会長，日本防犯設備協会防犯照明委員会特別委員，日本建築学会建築計画委員会空間計画小委員会委員，「防犯性の高い建具」仕様規定適合審査委員会委員長などの社会活動を行なっている。
＜主著＞
　都市デザインとシミュレーション（共著）　鹿島出版会　1999年
　都市の防犯―工学・心理学からのアプローチ―（編著）　北大路書房　2003年
　安全な都市（共訳）　都市防犯研究センター　2003年
　犯罪地図（共訳）　都市防犯研究センター　2003年
　幼い子どもを犯罪から守る（共著）　北大路書房　2006年

飯村治子（いいむら・はるこ）
　日本女子大学家政学部卒業。(財)都市防犯研究センター，東京大学工学部を経て
　現在　特定非営利活動法人地域交流センター客員研究員
　専門は建築計画。
＜主著＞
　都市の防犯―工学・心理学からのアプローチ―（共著）　北大路書房　2003年

地域の防犯
―犯罪に強い社会をつくるために―

2007年3月30日　初版第1刷印刷	定価はカバーに表示
2007年4月10日　初版第1刷発行	してあります。

　　　　監修者　竹　花　　　豊
　　　　編　者　樋　村　恭　一
　　　　　　　　飯　村　治　子
　　　　発行所　㈱北大路書房
　　〒603-8303　京都市北区紫野十二坊町12-8
　　　　　　　　電話（075）431-0361㈹
　　　　　　　　ＦＡＸ（075）431-9393
　　　　　　　　振替　01050-4-2083

　　　　　　　　　　　印刷・製本／㈱シナノ
© 2007
検印省略　落丁・乱丁本はお取り替えいたします。
　　ISBN 978-4-7628-2553-8　　Printed in Japan